현대신서
191

# 청소년을 위한 철학길잡이

앙드레 콩트-스퐁빌

공정아 옮김

東 文 選

청소년을 위한 철학길잡이

André Comte-Sponville

Présentations de la philosophie

© Éditions Albin Michel S.A., 2000

# 차 례

"서둘러 대중을 위한 철학을 만듭시다!"

디드로

# 서 문

"철학은 지혜(일개 학문이 아닌)의 교리이고 실천이다."
칸트

철학하기는 스스로 사고한다는 것이다. 그렇지만 무엇보다 타인들의 사고, 특히 과거의 위대한 철학자들의 사고에 근거하지 않고는 이르기 힘든 여정이다. 철학은 모험만이 아니라 노력 · 독서 · 도구 없이는 불가능한 작업이다. 그 첫걸음부터 종종 의욕이 상실될지도 모르는 따분한 일이다. 그 모든 것이 최근 몇 년 '철학 노트'를 출판하도록 나를 부추긴 이유이다. 무엇에 관한 것인가? 그것은 철학 입문에 관한 짧은 내용의 12장으로 이루어진 총서로, 각 장에는 선별된 약 40여 개의 혹은 종종 그보다 짧은 텍스트로 구성되어 있으며 그 안에는 내가 보기에 본질적인 이러저러한 개념에 대한 소개로 시작된다.

현재 책의 모습은 현저하게 수정되고 증보된 총 12편으로 이루어져 있다. 수수한 취지의 전체 모습만은 옛날과 다름이 없다. 그러니까 철학의 수많은 다른 가능성 중에서도 소위 입문에 해당하는 안내서이다. 그러나 일단 이 책을 읽은 독자는 조만간 반드시 작품을 독파하기 위해 스스로 떠나 볼 것을, 그리고 자신을 위한 제 고유 문집……을 만들어 보도록 한다. 2천5백 년간 철학은 고갈되지 않는 문화유산을 이루었다. 만약 이 작은 책이 철학에 좀더 가까이 다가가 보려는 이런저런 욕구를 줄 수 있다면, 기쁨과 빛을 찾는 데 도움을 줄 수 있다면 이 글은 헛되지 않을 것이다.

목표로 하는 독자층은 우선 청소년이다. 처음부터 다음의 문제들은 여전히 남아 있는데, 즉 예증의 선별, 관점, 어조, 강조하는 부분, 이러이러한 다양한 측면들. 그리고 나에게 제기된 말을 놓으면서 하는 설명 역시 결코 반말을 하지 않는 내가 제자들이나 학생들보다는 실제 청소년인 내 자신의 아이들을 생각했기에 가능했다. 전체를 되풀이한 만큼 특징들을 수정해야 한다고 특별히 생각지 않았다. 철학을 하는 데는 나이가 따로 없다. 그러나 성인들보다 청소년들이 철학과 함께하는 것이 더 절실하다.

철학이란 무엇인가? 나는 그것에 대해 자주 말했고 이 책 12장 중 제일 마지막에도 언급했다. 철학은 학문도 인식도 아니다. 게다가 지식도 아니다. 바로 지식에 대한 자유로운 성찰이다. 그래서 칸트가 말했다시피 배울 수 있는 철학은 없다. 즉 단지 **철학하는 것**을 배울 수 있을 뿐이다. 어떻게? 제 스스로 철학함으로써. 즉 제 스스로의 사고에 대해 타인들의 사고에 대해, 세상에 대해, 사회에 대해, 우리가 배우고 경험하지 못하며 방관하는 것에 대해 의문을 가짐으로써……. 그러므로 도중에 이러이러한 전문적인 철학자의 작품을 만나는 것을 바라야만 한다. 그러면 좀더 잘, 수준 높게, 심오하게 사고하게 될 것이다. 그리고 좀더 멀리, 빨리 갈 수 있을 것이다. 그리고 그런 장본인은 "판단의 전형으로서가 아니라 단지 자신의 판단을 스스로 지는 계기로 간주될 수 있어야 한다"고 칸트는 덧붙였다. 어느 누구도 우리를 대신해 철학할 수는 없다. 철학이 제 전문가·숙련공·교육자를 갖는 것은 당연하다. 그러나 철학은 무엇보다 전문 분야도 직업도 대학의 분과도 아니다. 그러니까 그것은 인간 존재를 구성하는 하나의 차원이다. 우리가 생명과 이성을 지닌 이상 우리 모두에게 제기되는 문제는 이런 두 능력을 서로 필연적으로 연결하는 것이다. 물론 철학하지 않고 추론(과학의 경우)할 수는 있다. 철학하지 않고 살아(어리석음이나 열정에서)갈 수도 있다. 그러나 결코 철학하지 않고 제 삶을 생각하고 제 사고로 살아가기는 불가능하다. 왜냐하면 그것이 철학 자체이므로.

생물학은 결코 생물학자에게 어떻게 살아야만 하는지, 그것이 필요한지, 왜 생물학을 해야 하는지조차 규정하지 않는다. 인문과학이 그 자체로 유효한지 인간이 어떤 가치가 있는지도 결코 알려 주지 않는다. 그래서 우리가 사는 것에 대하여, 우리가 살아가는 것에 대하여, 우리가 원하는 것에 대하여 성찰해야 한다면 철학을 해야 한다. 그리고 어떤 지식도 거기에서는 충분하지 않고 그것을 면제해 주지도 않는다. 예술은? 종교는?

정치는? 이것들 역시 검토되어야만 할 중요한 것들이다. 그런데 이것들은 검토하거나 어느 정도 심도 있게 살펴보자마자 적어도 부분적으로는 더 이상 이것들만의 문제가 아님을 깨닫게 된다. 그러므로 이미 철학에의 첫발을 떼었다. 철학이 제 차례로 검토되어야만 하는 것에는 어떤 철학자도 이의를 제기하지 않을 것이다. 그렇지만 철학에 대한 물음, 그것은 거기에서 벗어나는 것이 아니라 거기로 들어가는 것이다.

어떤 길로? 나는 내가 실제로 알고 있는 유일한 방법, 즉 서양철학의 길을 따를 것이다. 그것은 다른 방법이 없다는 것을 뜻하는 말이 아니다. 철학한다는 것, 그것은 보편적인 이성으로 살아가는 것이다. 어떻게 철학이 어느 누구의 전용이 될 수 있겠는가? 특히 동양에서는 사색적이고 정신적인 다른 전통들이 존재한다는 것을 어느 누구도 모르지 않는다. 그러나 그 모든 것을 말할 수는 없다. 그리고 내 생각으로는 대부분 내가 간접적으로만 아는 동양 사고를 소개한다는 것이 어쩐지 우스꽝스러울 것 같다. 철학은 오로지 그리스 철학이라든지 서양철학이라고 하는 말에 나는 전혀 동의하지 않는다. 그렇지만 그리스 시대 이래로 서양에서는 우리의 것인 무한한 철학 전통이 존재했었다. 나 역시 모든 사람들처럼 당연히 그것을 확신하고 있고 그것을 향해, 그 속에서 나의 독자들을 이끌어 가고 싶다. 간략한 취지에서의 이번 개론서에 대한 내 열망이 이미 너무 터무니없이 부풀려졌지만 그렇다고 그러한 사실이 본서를 정의하는 데 있어 불완전함을 정당화하는 구실이 될 수는 없다.

말했다시피 이성적으로 살아가기, 이것은 철학적이기는 하지만 또한 그것의 내용을 철저히 고찰할 수 없는 방향을 가리키기도 한다. 철학은 근원적인 문제 제기이며, 총체적·궁극적(과학에서처럼 이런저런 특수한 진리가 아니라) 진리의 추구, 창조와 개념의 사용(다른 분과 속에서 역시 그것을 행할지라도), 반사성(정신이나 이성의 자기 회귀, 즉 사고의 사고), 제 자신의 역사와 인간의 명상, 가능한 일관성과 합리성에 대한 원대한 추구(이것은 이성의 기술이지만 삶의 기술에 귀착할 수도 있는), 때때로 체계의 구성, 끊임없는 견해, 논쟁, 이론에 대한 구상이다. 그렇지만 철학은 또한 그리고 무엇보다도 환상·편견·이데올로기에 대한 비판일 것이다. 모든 철학이 투쟁이다. 그것의 무기는? 이성이다. 그것의 적은? 어리석음, 맹신, 반(反)계몽주의 혹은 **타자의** 철학이다. 그것의 동지는? 학문이다. 그것의 대상은? 인간이 내포된 우주 혹은 우주 속의 인간이다. 그것의 목표는? 지혜, 즉 진리 속에서의 행복이다. 해야 할 일은 무궁무진하다. 철학자들의 의욕이 왕성하다는 것이 그나마 다행이다.

실제로 철학의 대상은 셀 수 없이 많다. 즉 인간적이거나 진실한 것이라면 철학과 무관하지 않은 것은 없다. 그렇지만 대상 모두가 똑같이 중요하다는 것을 의미하지는 않는다. 칸트는 그의 유명한 《논리학》 속에서 네 가지 정도의 물음으로 철학 영역을 요약했다. **내가 무엇을 알 수 있는가? 내가 무엇을 해야 하는가? 나는 무엇을 바랄 수 있는가? 인간은 무엇인가?** 앞의 세 물음은 마지막 물음과 연관 있다고 그는 주목하고 있다. 그러나 이 물음들은 네 가지 모두 철학적·인간적으로 근본적인 물음, 즉 **어떻게 사는가**의 다섯번째 물음으로 귀착된다. 이 물음에 지적으로 대답하려고 시도하는 것 역시 철학의 시작이다. 이 질문을 자문해 보는 것을 피할 수 없듯이, 결론적으로 말해서 무지몽매함이나 반계몽주의적 태도는 철학을 벗어나는 길이다.

철학을 꼭 해야만 하는가? 이 물음을 제기하자마자, 심각하게 그것에 답하려고 애쓰자마자 어쨌든 이미 우리는 철학을 하고 있다. 이런 사실은 철학이 자기 자신의 질문으로, 하물며 자기 정당화에 귀착함을 의미하지는 않는다. 실제로 어느 정도는 좋든 나쁘든 세상에 대하여, 인간에 대하여, 행복·정의·자유·죽음·신·지식……에 대하여 자구(이성적이고도 근원적인 방식으로)할 때 역시 철학을 하고 있는 것이다. 누가 그것을 부인할 수 있으랴? 인간이란 존재는 철학하는 동물이다. 그러므로 인간이란 부분을 단념함으로써 단지 철학을 포기할 수 있을 뿐이다.

그러므로 철학을 해야만 한다. 가능한 한 멀리 생각하고, 그리고 아는 것보다 더 원대하게 생각해야만 한다. 무슨 목적으로? 좀더 인간적인, 명쾌한, 차분한, 이성적인, 행복한, 자유로운 …… 삶을 위해. 이런 것이야말로 환상도 거짓도 없는 행복이라는, 전통적으로 지혜를 부르는 말이다. 거기에 이를 수는 있는가? 아마. 결코 완전하게는 아니겠지만 그곳을 지향하고 거기에 근접하는 것을 막을 수는 없을 것이다. 칸트가 쓰길 "인간에게 철학은 항상 미완성 지혜를 향한 노력이다." 그것이 지체하지 말고 거기에 착수하는 이유이기도 하다. 좀더 잘 생각하고 잘 살기 위함이다. 철학은 그러한 작업이다. 그리고 지혜야말로 안식을 찾아 준다.

철학은 무엇인가? 그 해답은 철학자의 수만큼 무궁무진하지만 그렇다고 이것이 본질을 추구하거나 부합하는 네 있어 장애가 되지는 않는다. 수년간의 연구 이래로 나는 에피쿠로스만큼 설득력 있는 답변을 알지 못한다. 즉 **"철학은 담론·추론에 의해서 행복한 삶을 우리에게 안겨 주는 활동이다."** 철학을 좀더 큰 성공(지혜·지복)으로 정의하는 것이 비록 완전하지는 않을지라도 제 실패 속에 빠뜨리는 것보다 더 낫다. 행복이 목표이다. 그리고 철학은 그 여정이다. 모두에게 좋은 여행이 되기를!

# 1

# 도 덕

"행복한 돼지보다 슬프지만 현명한 소크라테스가 낫고, 행복한 바보보다 슬픈 소크라테스가 더 낫다. 바보나 돼지가 견해가 다른 것은 질문의 한 면만, 즉 자신의 문제만 알기 때문이다. 비교하기 위해서는 다른 면, 즉 양쪽 면을 모두 아는 것이다."

존 스튜어트 밀

사람들은 도덕에 대해 잘못 생각하고 있다. 도덕은 무엇보다 응징이나 처벌, 비난을 위한 것이 아니다. 그것을 위해서라면 법정이 존재하고 경찰이 존재하며 감옥이 존재한다. 어느 누구도 거기에서 도덕을 고려하지는 않을 것이다. 소크라테스는 감옥에서 죽었고, 그럼에도 재판관들보다 더 자유로웠다. 아마도 바로 거기에서 각자의 도덕이 시작하고, 어떤 처벌도 불가능하고, 어떤 탄압도 실효가 없으며, 어떤 유죄 판결도 형식적인 경우에라도 필요치 않은 곳에서 항상 다시 시작한다. 우리가 자유로운 거기에 도덕이 시작된다. 즉 자기를 심판하고 제어될 때 이런 자유 자체가 도덕이다.

너는 가게에서 디스크나 옷을 훔치고 싶어할지도 모른다
……. 그러나 경비원이 널 볼 수도 있고, 전자 감지 시스템이
있어서, 그저 붙잡히거나 벌을 받거나 유죄 선고를 받을까 봐
겁을 낼 수도 있을 것이다. 그것은 정직함이 아니다. 그것은 계
산에서 나오는 태도들이다. 그것은 도덕이 아니라 조심성이다.
경관에 대한 두려움은 덕과 상반되거나 신중함에서 오는 덕일
뿐이다.

반대로 플라톤이 상기시킨 유명한 보이지 않는 의지에 따르
는 **기게스 반지**를 네가 가졌다고 상상해 보라. 그것은 우연히
목동이 발견한 마술 반지이다. 완전히 보이지 않게 만들기 위
해서는 손바닥 안쪽으로 반지의 보석을 돌리는 것으로 충분하
다. 전에는 정직한 사람으로 통하던 기게스는 이 반지의 유혹
에 저항할 수 없게 되어 버렸다. 그래서 궁으로 들어가 여왕을
유혹하고, 왕을 살해하고, 자신의 권력을 잡고, 자신의 절대적
인 특권을 행사하는 데 자신의 마술 반지를 이용한다……. 《국
가》에서 그것을 이야기한 자(플라톤)는 선한 자와 악인은 혹은
그렇게 추정된 자는 신중함이나 위선으로서만, 달리 말하면 어
느 정도 자신을 감추는 그들의 능숙함이나 타인의 시선에다 맞
추는 불평등한 권위로만 구분된다고 결론짓고 있다. 그 반지를
가진 이들은 더 이상 아무것도 판별할 수 없게 될 것이다. 그러
니까 "양쪽 모두 동일한 목적을 향해 나아갈 것이다." 도덕은
환상이나 기만일 뿐, 덕으로 가장한 두려움일 뿐이라고 시사하
는 것이다. 모든 금기가 소멸되기 위해서, 각자 자신의 쾌락이

나 에고이스트적인 자신의 이익만을 추구하기 위해서는 자신을 보이지 않게 하는 것으로도 충분하다.

정말인가? 플라톤은 물론 그 반대라고 확신하고 있다. 그렇지만 그 어느 누구도 플라톤적으로 되어야 할 의무는 없다……. 너에게 적용되는 유일한 답변은 너 자신에게 있다. 네가 이 반지를 가졌다는 사고의 경험을 가정해 보자. 넌 무얼 할 것인가? 무엇을 하지 않을 것인가? 예를 들면 너는 타인의 재산, 사생활, 비밀, 자유, 존엄성, 인생을 계속 존중할 것인가? 어느 누구도 네 입장에서 대답할 수는 없을 것이다. 이 물음은 오직 너에게만, 완전히 너에게만 관계된다. 네가 보이지 않는다면, 네가 하지 않지만 네 스스로에게는 허용할 모든 것은 신중함이나 위선보다는 덜 도덕의 소관이다. 반대로 보이지 않는다 하더라도 이익 때문이 아니라 의무로 자신에게 강요하거나 금하기를 계속하는 것, 그것만이 말 그대로의 도덕이다. 네 영혼은 자신의 시금석을 지니고 있다. 네 도덕성은 스스로 판단하는 제 시금석을 지니고 있다. 네 도덕성은? 너 자신에게 강요하는 것, 타인의 시선을 위해서나 이러저러한 외부의 위협 때문이 아니라 선과 악의 어떤 관념에 의한 것이다. 의무와 금기, 받아들일 수 있는 것과 그렇지 못한 것, 결국 인간성과 자신에 의한 것이다. 구체적으로는 **비록 네가 보이지 않거나 거역할 수 없다고 하더라도** 네 스스로 지키는 규칙의 총체이다.

그것(도덕)을 많이 행하는가? 거의 행하지 않는가? 그것의 결정은 네게 있다. 예를 들어 만약 너를 보이지 않게 만들 수 있다면 죄 없는 자를 벌하고, 친구를 배신하고, 아이를 학대하고, 능욕을 보이고, 고통을 주고, 살해하는 것을 받아들이겠는가? 대답 역시 너에게 달려 있다. 도덕적으로 네 대답에만 달려 있다. 너는 그 반지를 갖고 있지 않는가? 그렇다고 이것이 성찰하고 판단하며 행동하는 것을 면제해 주지는 않는다. 비열한과 정직한 사람 사이에 표면적인 것과 다른 차이가 있다면, 그것은 타인의 시선이 전부가 아니고 신중함이 다가 아니다. 그런 것이 도덕의 내기이고 궁극적인 제 고독이다. 그러므로 모든 도덕은 타인과의 관계이기도 하지만 자신과의 관계이다. 도덕적으로 행하는 것, 그것은 물론 타인의 이해 관계를 고려하는 것이지만 플라톤의 말처럼 '신도 인간도 모르게' 하는 것이고, 달리 말하면 보상도 없고 가능한 처벌도 없지만 제 자신과 다른 어떤 누구의 감시 없이도 행하는 것이다. 내기라고? 한 번 더 그 답은 너에게만 좌우되는 문제이므로 나는 잘못 표현하였다. 그것은 내기가 아니라 선택이다. 너만이 네가 해야 할 것을 안다. 그리고 어느 누구도 너 대신 결정할 수는 없다. 도덕의 외로움과 크기가 느껴진다. 그러므로 너는 네가 행하는 선에 의해, 네가 금지하는 악에 의해 단지 가치 있고, 또 잘 처신하는 데서 오는 만족감——다른 사람이 결코 그것을 알지 못할 때조차——외에 다른 혜택은 없다.

그것은 스피노자의 정신으로, 즉 '잘 처신하고 기쁨 속에서 행동하는 것이다.' 그것은 그저 양심이라는 것이다. 적어도 어느 정도 자신에 대한 평가 없이 어떻게 기쁠 수가 있는가? 스스로의 통제 없이 자신을 평가하고, 자제하지 않고 어떻게 자신을 제어하는가? 이른바 네가 할 차례이지만 그것은 게임이 아니고, 하물며 쇼는 더더욱 아니다. 그것이 네 인생 자체이다. 네가 여기 그리고 지금 **존재**하는 것, 네가 **행**하는 것이다. 도덕적으로 다른 누군가가 되는 깃을 꿈꾸는 일은 무익하다. 풍요·건강·미·행복……을 기원할 수는 있지만 덕을 희망하는 것은 어불성설이다. 비열한이 되거나 선한 누군가가 되는 것은 너의 선택, 오로지 너에게만 달려 있다. 그러므로 정확하게 네가 **원하는** 것만이 너에게 **가치** 있다.

도덕이 무엇인가? 개인이 자신의 행복이나 안녕을 증진하기 위한 것이 아니라 스스로에게 과하고 금하는 것의 총체이다. 이해 관계와 **타인의** 권리를 고려하기 위해, 비열한이 되지 않기 위해, 인간성과 자신에 대한 확고한 사고에 충실하기 위해서 에고이스트가 되는 것이다. 도덕은 다음의 질문에 부합한다. "**내가 무엇을 해야만 하는가?**" 그것은 내 의무의 총체이고, 달리 말하면 내가 합법적으로 인정하는 요청이다. 누구나처럼 나에게도 그것을 위반하는 일이 닥치더라도. 타인의 시선에, 모든 대가(형벌)나 기대된 보상과는 무관하게 내 자신에게 스스로 과하거나 과할 수밖에 없는 법이다.

"**타인이 무엇을 해야만 하는가**"가 아니라 "**내가 무엇을 해야만 하는가,**" 그것이야말로 도덕과 도덕주의를 구분하는 것이다. 알랭이 이르길 "도덕은 결코 이웃을 위함이 아니다." 즉 이웃에 대한 의무에 전념하는 것은 도덕이 아니라 도덕가이다. 어떤 종류가 더 언짢은가? 어떤 대화가 더 헛된가? 도덕은 일인칭에만 합당하다. 누군가에게 "너는 너그러워야 한다"고 말하는 것, 그것은 관대함의 증거가 될 수 없다. "너는 용기를 내야 한다"고 말하는 것 역시 그것은 용기의 증거가 될 수 없다. 도덕은 자신에게만 적용된다. 의무는 자신에게만 적용된다. 다른 사람에게는 관용과 권리만으로도 충분하다.

게다가 타인의 의도, 해명, 장점을 누가 알 수 있는가? 만약 신이 존재한다면 신 이외에는 그리고 자신밖에는 도덕적으로 어느 누구도 판단할 수 없다. 그것 자체로 충분 존재를 이룬다. 너는 에고이스트인가? 너는 비겁한가? 너는 타인의 나약함, 비탄, 그의 순진함을 이용하는가? 거짓말하고 도둑질하고 위반하는가? 네가 잘 알고 있고 네 자신의 인식이 양심이라 부르는 그것만이 유일한 판단이고, 어떤 경우에라도 도덕적으로 유일하게 중요한 것이다. 소송이나 벌금은? 감옥형은? 그것은 인간의 정의가 아닌 법이나 경찰의 정의일 뿐이다. 얼마나 많은 비열한 사람들이 자유로운가? 얼마나 많은 용감한 사람이 감옥에 있는가? 너는 사회 규정을 지킬 수 있고 응당 그래야만 한다. 그렇지만 이것이 네 자신과 양심의 의무를 다하는 것을 면제해 주지 않는다. 그것만이 진실한 규칙이다.

그렇다면 개인의 수만큼 도덕이 존재하는가? 아니다. 그것은 도덕에 대한 완전 역설이다. 그러니까 도덕은 일인칭에게만 보편적으로 유효하다. 달리 말하면 모든 인간(모든 인간이 '나'이므로)에게 유효하다. 어쨌든 그렇게 우리는 도덕과 더불어 살아간다. 우리는 실용적인 면에서 우리가 받은 교육에, 우리가 살고 있는 사회나 시대에, 우리가 접하는 환경에, 우리가 접촉하는 문화에 따라 시로 다른 도덕이 존재함을 잘 알고 있다. 절대 도덕은 없으며 어느 누구도 그것을 완전히 이해하지는 못한다. 그렇지만 내가 잔혹성, 차별주의, 살인을 인정하지 않을 때 그것이 각자의 기호에 달린 선호의 문제만은 아님을 잘 알고 있다. 무엇보다 그것은 모든 사회를 위해 그 사회의 존속이나 존엄성의 조건이다. 달리 말하면 인간성이나 문명화에 대한 조건이다.

모든 사람이 거짓말을 한다면 더 이상 어느 누구도 믿지 않게 될 것이다. 즉 더 이상 거짓말을 할 수조차(거짓말은 위반할 때조차 신뢰를 전제하므로) 없을 것이고 모든 의사소통이 부조리하며 헛되이 변해 버릴 것이다.

모든 사람이 도둑질을 한다면 사회에서의 삶은 불가능해지고 비참하게 변해 버릴 것이다. 즉 더 이상의 소유권도 더 이상의 안녕도 더 이상의 훔칠 것도 아무것도 없을 것이다······.

모든 사람들이 살인을 저지른다면 그것은 스스로 무덤을 파는 인간이나 문명이다. 즉 더 이상 폭력과 두려움밖에 남지 않을 것이고, 우리 모두가 우리 모두의 살인의 희생자가 될 것이다.

그것은 단지 우리를 도덕의 중심에 놓는 가설일 뿐이다. 이런 저런 행동이 선한 것인지 비난받을 것인지 알고 싶은가? 그렇다면 모든 사람들이 똑같은 상황에서 너처럼 처신한다면 무슨 일이 벌어질지 자문해 보라. 예를 들어 길가에 껌을 뱉는 어린 아이가 있다. "그렇게 하면 얼마나 더럽겠니, 너나 모두에게 얼마나 불쾌한 일이니!라고 모든 사람들이 똑같이 하는 말을 그의 부모님이 그에게 하는 것을 가정해 봐!" **하물며** 모든 사람들이 거짓말을 하거나 죽이고 도둑질하고 법을 위반하고 공격하고 괴롭힌다고 상상해 봐……. 어떻게 인간성 같은 것을 기대할 수 있겠는가? 그러므로 네가 타인에게 비난할 것을 스스로에게 금해야만 하는 것이다. 보편적인 것에 따라, 즉 양심이나 이성에 따른 자화자찬을 중단해야만 한다. 결정적 논점은 우리에게 가치가 있을 것 같거나, **모두에게** 적용되어야 할 법령에 **개인적으로** 따르는 것이다.

그런 것이 《도덕형이상학 기초》 안에서의 정언적 명법의 체계에 대한 칸트식의 유명한 공식의 의미이다. 즉 "네 의지의 준칙이 곧 보편적인 입법의 원칙이 될 수 있도록 행동하라." 그것은 '사랑하는 어린 나'에 의한 것보다는 인간성에 따라서 행동하고 제 성향이나 제 이해 관계보다는 제 이성에 따르는 것이다. 따르는(제 '준칙') 원칙이 법적으로 모두에게 적용될 수 있다면 행동은 선한 것이다. 그러므로 도덕적으로 행하는 것은 반박하지 않고도 네가 의욕할 수 있도록 행동하고, 개인이라면 누구나 너와 동일한 원칙에 따른다는 말이다. 그것은 성경의 정신 혹은 인간의 정신(다른 종교에서도 똑같은 형식을 찾아볼 수 있다)과 일치한다. 루소가 '최고의 준칙,' 즉 **"사람들이 네게 하기 원**

하는 대로 타인에게 해라"라고 표현한 것과 같다. 이것은 또한 좀더 신중하지만 좀더 명확하게, 앞의 것보다 좀 덜 완벽하지만 아마도 좀더 유익한 공식으로 표현한 루소의 연민의 정신, 즉 **"가능한 타인에 대해 최소한의 악으로 네 선을 추구하라"**와 유사하다. 그것은 타인에 의해 부분적으로 사는 것이지만, 아니 그보다는 자신이 판단하고 사고하는 것이다. 알랭이 말한 '**완전히 혼자서, 보편적으로……**.' 그것이야말로 도덕 자체인 것이다.

이런 도덕을 정당화하기 위한 근거가 필요한가? 그것은 필요하지도 굳이 가능한 것도 아니다. 물에 빠지는 아이가 있다. 그를 구하는 데 이유가 필요한가? 전제 군주가 학살을 자행하고 학대하며 고통을 준다……. 그것에 맞서는 데 이유가 필요한가? 근거는 우리의 가치에 대한 가치를 보장해 줄 반박할 수 없는 진리이다. 그러니까 그것이 우리와 가치를 공유하지 못하는 자를 포함해, 우리가 옳고 그가 그르다는 것을 보여줄 수 있을 것이다. 그런 이유로 무엇보다 이성을 정당화해야 하고, 그것은 사람들이 할 수 없는 것이다. 선행 원칙 없이 어떤 증거를 먼저 제시해야만 하는가? 어떤 이유로 가치의 근거가 될 도덕 자체를 미리 상정하지 않는가? 관대함보다 더 에고이즘을, 솔직함보다 거짓말을, 상냥함이나 연민보다 더 잔혹함을 쏟아 붓는 개인을 어떻게 그가 틀렸다고 보여주고, 그에게 잘 처신하도록 하는 것이 무엇인가? 자신만을 생각하는 자에게 중요한 생각은 무엇인가? 자신만을 위해 사는 자, 그에게 보편적인 것이 무엇인가? 타인의 자유, 존엄성, 삶을 주저 없이 모독하는 자가 왜 비-모순 원칙을 지키겠는가? 그리고 무엇보다 그것과 맞서기 위한 반박 수단이 왜 필요하겠는가? 공포는 반박되는 것이 아니다. 악은 반박되지 않는다. 폭력에 맞서, 잔혹성에 맞서, 무지에 맞서 우리는 이유보다는 용기가 더 필요하다. 그리고 이유보다는 우리들 자신에 대한 요청과 신의가 더 필요하다. 그것은 자신과 우리로부터 형성된 인간성에 합당한 것이다. 왜 우리가 그런 이유로 근거나 보증이 필요하겠는가? 그것들이 어떻게 가능하겠는가? 의지면 충분하고, 그리고 더 가치가 있다.

알랭이 이르길 "도덕은 양심을 깨닫는 데 있다. 이런 권리로 도덕이 절대적으로 불가피하다. 왜냐하면 노블레스 오블리제이므로. 도덕에서는 존엄성의 감정 이외에 다른 것은 없다." 그것은 자신과 타인의 인간성을 존중하는 것이다. 그것은 거부가 있기 마련이고 노고가 있기 마련이다. 투쟁이 있기 마련이다. 생각하지 않는 혹은 너만 생각하는 너의 부담을 거부하는 것이다. 거부하거나 어쨌든 네 자신의 폭력, 에고이즘, 비열함을 극복하는 것이다. 너에게 바라는 것은 남자든 여자든 마땅히 그래야만 하는 것이다.

"만약 신이 존재하지 않는다면 모든 것이 허용된다"고 도스토예프스키 작품(《카라마조프의 형제들》)의 한 인물은 말한다. 그렇지만 아니다. 왜냐하면 신자이든 아니든 네 스스로가 모든 것을 허용하지 않기 때문이다. 즉 최악을 포함한 **모든 것**, 그것이 너다운 것은 아닐 것이다!

지옥에 대한 두려움으로 천국에 대한 희망 속에서만 도덕을 준수하는 신자가 고결하지는 않을 것이다. 즉 단지 에고이스트가 되거나 신중하게 되는 것일 뿐이다. 제 자신의 안녕을 위해서만 선을 행하는 자는, 칸트가 설명하길 거의 선을 행하지도 구원되지도 않는다. 여전히 칸트의 말처럼 '**그런 이유로 아무것도 기대하지 않고**' 수행하는 조건에서만 도덕적으로 선한 행동이다. 도덕적으로 근대성으로 접어드는 그곳, 달리 말하면 정교 분리(용어의 좋은 의미로, 즉 신자도 무신론자만큼 종교와 무관할 수 있다는 의미로)가 시작되는 곳, 그것이 바로 계몽주의 정신이다. 그것은 벨·볼테르·칸트의 정신이다. 도덕의 근거가 되는 것은 종교가 아니다. 종교의 근거가 되거나 종교를 정당화하는 것이 오히려 도덕이다. 신의 존재가 내가 잘 처신해야 되는 이유는 아니다. 신을 믿는 것이 필요——고결하게 되기 위해서가 아니라 절망에서 벗어나기 위해——할 수 있기 때문에 잘 처신해야 하는 것이다. 그것은 좋다는 무엇을 신이 나에게 명하기 때문이 아니다. 명령이 신에게서 나온다는 것을 내가 고려할 수 있는 것은 도덕적으로 선한 명령이기 때문이다. 그래서 칸트에 의거하면 도덕이 종교로 통할 때조차 믿는 것을 금하지 않는다. 그렇지만 도덕은 종교에 달린 것도 종교로 귀착될 수도 없다. 신이 존재하지 않을지라도, 죽음 이후에 아무것도 없다고 할지라도 그것이 네 의무를 다하는 것을 면제해 주지 않고, 달리 말하면 인간적으로 행동할 것을 면제해 주지 않는다.

　몽테뉴가 쓰길 "인간을 제대로 올바르게 길러내는 일은 너무 아름답고 정당한 일이다." 유일한 의무, 그것은 인간적으로 되는 것(인간은 동물의 종일 뿐만 아니라 문명의 획득이라는 의미로)이고, 유일한 미덕, 그것은 인간적으로 되는 것이며 어느 누구도 너 대신할 수 없는 것이다.

이것이 행복을 대신하지 않으므로 도덕이 전부가 아니다. 이것은 사랑을 대신할 수도 없고, 그래서 도덕은 본질이 아니다. 어떤 행복도 그것을 면제해 주지 않는다. 그렇지만 어떤 사랑도 그것에 충분하지 않다. 그러므로 도덕은 항상, 그리고 여전히 필요하다.

자유롭게 네 자신(네 본능과 네 두려움의 포로로 남기보다는)으로서 타인들과 더불어 자유롭게 살아가는 것이다.

도덕은 그런 보편적인 요구이거나, 어쨌든 **개인적으로** 네게 위임된 보편타당한 것이다.

그것은 남자와 여자를 선하게 만들어서 인간이 되도록 돕는 것이다. 그리고 네가 그것이 필요하듯이 그것도 네가 필요하다.

# 2
# 정 치

"정치를 생각하지 않을 수 없다. 만약 우리들이 거기에 대해서 충분히 생각하지 않는다면 혹독한 대가를 치르게 될 것이다."

알랭

인간은 사회적인 동물이다. 그러므로 인간은 제 동류들 사이에서 살 수밖에 없으며, 거기에서 무르익는다.

그렇지만 또한 이기적인 동물이기도 하다. 칸트의 말처럼 인간의 '비사회적 사교성'이 자기 자신의 욕망을 충족시키기 위해 타인에게 포기할 수도, 또 그들 없이 지낼 수도 없게 만든다.

그러므로 우리에게 정치가 필요해진다. 이해 관계에 대한 갈등을 폭력과는 달리 해결하기 위해서든, 우리의 힘을 금하기보다는 강화하기 위해서든, 전쟁·두려움·무지에서 벗어나기 위해서든.

그러므로 우리는 국가가 필요한 것이다. 인간이 선하거나 정당하기 때문이 아니라 그들이 그러하지 못하기 때문이다. 그들이 결속력이 있기 때문이 아니라 그들이 그렇게 변할 수 있는 기회를 갖기 위해서이다. 아리스토텔레스의 말에도 불구하고 '본래' 그런 것이 아니라 문화·역사에 의해서 그런 것이고, 정치 그 자체를 위해서이다. 그러니까 그것은 이루어지는 중이고, 해체되는 중이며, 다시 형성되는 중이고, 계속되는 중인 역사이다. 현재의 역사, 그것이 우리의 역사이고 유일한 역사이다. 어떻게 정치에 관심을 두지 않을 수가 있는가? 모든 것이 정치에 좌우되므로 아무것에도 관심을 두지 말아야 할 것이다.

정치란 무엇인가? 그것은 갈등·연합·힘의 관계에 대한 비호전적인 관리이다——개인 사이에서뿐만 아니라(가족이나 어떤 그룹 내에서도 볼 수 있듯이) 모든 사회 계층에서. 그러므로 그것은 사람들이 선택한 것이 아닌 그들에 대해 어떤 특별한 감정도 갖지 않은, 그리고 동맹국만큼이나 아니 그보다 더 존중의 표시로 경쟁 관계인 사람들과의 동일한 시테(그리스어로 **폴리스**)에서나 동일한 국가 속에서 함께 사는 기술이다. 이것은 공통 권력과 권력을 위한 투쟁을 전제로 한다. 이것은 하나의 정부와 정권 교체를 전제한다. 이것은 대립이기는 하지만 타협으로 조정된 그렇지만 일시적인, 결국은 대립을 깨끗이 해결하는 방식에 대한 일치를 전제로 한다. 폭력밖에 달리 방법이 없을 듯하다. 그러므로 존립을 위해 정치가 우선 막을 수밖에 없는 것이다. 전쟁이 끝나는 곳에 정치가 시작된다.

누가 통솔하고 누가 복종하며, 이른바 누가 **지배하고** 전제 군주라 부르는 자가 누구인지를 아는 것이다. 이것은 왕이나 독재자(절대군주제에서의)가 될 수도 있고, 국민(민주주의에서의)이 될 수도 있으며 이러저러한 개인 단체(사회 계급, 당, 진정한 혹은 자칭 엘리트, 즉 특권 계층)가 될 수도 있다. 체제나 정부의 유형에 따라 특이한 세 가지의 혼합물이 될 수도 있고 또 종종 그렇다. 적어도 이 지구상에서의 모든 것보다 가장 크고, 다른 모든 것들을 책임지는 바로 이 권력 없이는 정치가 존재하지 않을 거라는 말이다. 실제로 푸코의 말처럼 "권력이 편재하고 있기 때문이다." 아니 더 정확히 말하면 권력들은 셀 수 없이 많다. 그렇지만 힘들간에 더 강력한 것으로 부과되거나 인식된 권한 아래에서만 공존할 수 있는 힘이 있다. 권력의 다수성에 비해 군주나 국가의 단일성이 문제가 된다. 모든 권한이 거기에서 행해지므로 정치가 필요한 것이다. 우리가 초보적인 첫 신참자에 따라야만 하는가? 첫번째 작은 신참 우두머리에? 물론! 우리는 권력이나 권력들이 필요함도 잘 알고 있고, 그것에 복종해야만 하는 것도 잘 안다. 그렇지만 누구나 그런 것이 아니라, 또 반드시 그런 것도 아니다. 우리는 자유로이 따르기를 원한다. 그러니까 우리가 따르는 권력이 우리의 권력을 축소하기는커녕 강화하거나 보장하기를 원한다. 사람들은 결코 완전하게 거기에 이르지는 못한다. 사람들은 결코 그것을 단념하지도 못한다. 그것이 우리가 정치를 하는 이유이다. 그것이 바로 우리가 정치를 계속하는 이유이다. 좀더 자유롭게 되기 위해서, 좀더 행복하게 되기 위해서, 좀더 강해지기 위해. 따로따로이거나 서로서로에 맞서는 것이 아니라, 1995년 가을의 시위자들이 말한 것처럼 '모두 함께,' 아니 더 정확히 말하면 함께 그리고 동시에 상반되게. 왜냐하면 그래야 하고, 정치밖에 다른 것이 필요치 않기 때문에.

정치는 불협화음, 갈등, 반박을 전제하고 있다. 모든 사람들이 찬성(건강이 질병보다 더 낫다거나 행복이 불행보다 더 바람직하다고 말할 때)할 때 그것은 정치가 아니다. 그렇지만 각자가 제 구역에 남아 있거나 사사로운 일에만 전념할 때도 그것은 정치가 아니다. 정치는 우리를 반박하게 함으로써 우리를 결집시킨다. 즉 정치는 우리를 결집시키는 최상의 방식으로 대항하게 한다! 이것은 멈추지 않을 것이다. 정치의 종말을 예고한다면 잘못 생각한 것이다. 그러므로 그것은 수용되고 극복된 갈등 속에서만 계속될 수 있는, 반대로 또 그래야만 하는 인간·자유·역사의 종말이 될 것이다. 바다처럼 정치는 항상 다시 시작된다. 정치는 하나의 전투이고 또 유일하게 평화를 가능케 하는 것이다. 그것은 전쟁의 상반된 쪽이고, 제 중요성이 충분히 언급되었다. 자연 상태의 상반된 쪽이고, 제 필요성이 충분히 언급되었는데 누가 혼자 살고 싶어하겠는가? 누가 모든 사람들과 충돌하면서 살고 싶겠는가? 홉스는 자연 상태, 그것은 '각자가 서로로서로 맞서는 전쟁'이라고 지적했다. 즉 인간의 삶은 그래서 '외롭고 변변찮고 고통스러우며 거의 동물적이고 순간적'이다. 공통 권력, 공통 법률, 하나의 국가가 더 낫다. 정치가 더 낫다!

어떻게 함께 살며, 무엇을 위해서? 그런 것이 선결되어야만 되고, 그러므로 곧장(사람들은 의향, 진영, 여당……을 바꿀 권리가 있으므로) 두 가지 문제가 다시 제기된다. 각자가 숙고해야 하고 또 모두가 그것에 대해 토론해야만 한다.

정치란 무엇인가? 국가의 지배하에 제 통제를 위해 분쟁을 일으키는 그리고 공통된 삶이다. 그러므로 권력을 잡아서 지키며 사용하는 기술이다. 또한 권력을 공유하는 기술이지만, 실제로 권력을 장악하는 다른 방식은 존재하지 않기 때문이다.


경멸할 만한 저속한 활동이라고만 정치를 보는 것은 잘못된 시각일 것이다. 아마도 그 반대가 진실일 것이다. 공통의 대립, 공통의 운명, 공통의 삶에 전념하는 것, 그것은 모든 인간 존재를 위한 주요 임무이고 어느 누구도 그것을 면제받을 수 없을 것이다. 너는 자유로운 진영을 인종차별주의자에게, 파시스트에게, 선동가에게 포기해 버릴 것인가? 관료들이 네 입장을 결정하게 내버려둘 것인가? 기술주의자들이나 출세주의자가 그들다운 사회를 너에게 과하도록 방치할 것인가? 어떤 권리로 너는 그것이 작동하지 않는다고 불평하겠는가? 네가 그것을 막기 위해 아무것도 하지 않는데 어떻게 공모의, 열악한 최악의 경우가 되지 않겠는가? 아무것도 하지 않는 것이 변명이 될 수는 없다. 무능력이 변명이 되지도 않는다. 정치를 하지 않는 것, 그것은 네 능력의 일부를 단념하는 것이다. 그것은 항상 위험한 것이지만 또한 너희들 책임의 일부이기도 하다. 그것은 항상 비난받을 일이다. 정치적 무관심은 실수이고 잘못이다. 즉 자신의 이해 관계와 제 의무에 상반되는 태도이다.

그렇지만 정치를 마치 선·덕·무사무욕에만 관계되는 것처럼 도덕으로 국한시키려고 하는 것 역시 잘못이다. 재차 진실은 그 반대이다. 만약 도덕이 널리 퍼진다면 경찰도 법도 법정이나 군대도 필요하지 않을 것이다. 즉 국가도 필요 없을 것이고 그러므로 정치도 마찬가지이다! 비참함이나 소외를 극복하기 위해 도덕을 기대하는 것, 그것은 분명히 문제가 될 것이다. 낯선 정치를 대신하기 위해 인도(人道)를 기대하는 것, 사회적인 정치를 대신하기 위해 자비를 기대하는 것, 이민의 정치를 대신하기 위한 반(反)인종차별주의에 기대하는 것조차 문제가 될 소지가 많다. 아니 분명히 인도·자비·반인종차별주의는 도의적으로 필요하지는 않지만 그것이 정치적으로 충분(그것이 충분하다면 더 이상의 정치도 필요 없을 것이므로)하지도, 그것이 무엇이든 어떤 사회적 문제를 그것만으로 해결할 수도 없다는 점에서 그렇다는 말이다.

도덕은 경계가 없지만 정치는 아니다. 도덕은 조국이 없지만 정치는 다르다. 어느쪽도——그것은 자명하다——최소한의 타당성을 인종의 개념에 부여할 수는 없을 것이다. 그러므로 피부색이 인성도 국적도 만들어 내지 않는다. 도덕 역시 프랑스나 프랑스인의 이익, 유럽이나 유럽인의 이익만을 만들지 않는다 ……. 도덕은 개인만을 인식할 뿐이다. 도덕은 인간만을 인식할 뿐이다. 반면에 좌파든 우파든 프랑스나 유럽의 모든 정치는 한 국민이나, 특히 국민들──비도덕적이고 자멸을 초래하지만 어쨌든 제1차적인 것, 즉 도덕이 절대로 부과할 수도 금할 수도 없는 인간성을 분명히 거스르지 않게──을 옹호하기 위해서만 존재한다.

노덕이 충분하기를, 인간미가 충분하기를 바랄 수는 있을 것이다. 그러므로 정치가 필요 없는 것을 바랄 수도 있을 것이다. 그러나 그것은 역사에 대해서 잘못 생각할 수도 우리 자신을 속일 수도 있을 것이다.

정치는 에고이즘의 반대(도덕이라는 것)가 아니라 집단적인 갈등의 소지가 있는 표현일 뿐이다. 즉 모두 이기주의자가 되는 것과 관계 있다. 왜냐하면 그런 것이 우리의 몫이고 가장 효과적으로 가능하기에. 어떻게? 관심을 집중시킴으로써 그리고 그것이 연대성(공평을 전제하는, 관대함과 구별해서)이라 부르는 것이다.

이런 구별은 종종 잘못 인식한다. 그렇기에 그것을 좀더 주장하는 것은 더더욱 당연한 일이다. 결속하는 것은 타인의 이해 관계를 보호하는 것이지만 물론 내 이해 관계 역시──직접적으로나 간접적으로──보장받기 위해서이다. 이해타산을 따져 행동하는 것 역시 나를 위해 행동하는 일이다. 왜냐하면 우리는 동일한 적이나 동일한 이익을 갖고 있기에, 동일한 위험이나 동일한 공격에 노출되어 있기 때문이다. 따라서 조합 운동, 보험, 세제 속에서 보호받는다. 누가 잘 보장받고 조합을 결성하며 제 세금을 지불하는 데 관대한 평가를 하겠는가? 관대함이라는 것은 다른 것이다. 즉 다른 사람의 이익을 보호하는 것이지만 결코 그것이 내 것이기도 하다는 점에서가 아니라 내가 그것을 공유하지 못할지라도 보호하는 것이다——거기에서 내 이득을 보기 때문이 아니라 자신의 이득을 보기 때문이다. 그것을 따져 행동하는 것이지 나를 위해서 하는 것은 아니다. 즉 내가 거기서 무엇인가 잃을 수도 있음을, 그리고 그것이 가장 흔한 것이라도 배제시키지 않는다. 사람들이 주는 것을 어떻게 지키는가? 사람들이 지키는 것을 어떻게 주는가? 그것은 더 이상 증여가 아니라 교환이다. 즉 더 이상의 관대함이 아니라 연대성이다.

연대성은 다수를 보호하는 하나의 방식이다. 제한된 관대함은 타인들을 위해 자신을 희생하는 방식이다. 그러므로 도덕적으로 관대함이 더 상위이다. 사회적으로, 정치적으로 연대성이 더 절박하고 현실적이며 효과적이다. 어느 누구도 관대함으로 사회보장에 갹출을 하지 않는다. 어느 누구도 관대함으로 세금을 내지 않는다. 관대함으로 조합을 결성하는 자가 얼마나 이상한 조합원인가! 그런데도 사회보장, 세법(과세), 그리고 조합은 때로 이러저러한 사람이 보여줄 수 있는 얼마 되지 않는 관대함보다 더——훨씬 더——정의를 위해 일한다. 이것이 정치에도 적용된다. 어느 누구도 관대함으로 법을 지키지 않는다. 어느 누구도 관대함으로 시민인 것은 아닐 것이다. 그렇지만 권리와 국가는 좋은 감정보다 훨씬 더 많이 정의와 자유를 위해서 일한다.

연대성과 관대함이 그렇다고 양립할 수 없는 것은 아니다. 관대한 것이 연대적인 것을 막지도 않는다. 그리고 연대적인 것은 너그러운 것을 막지 않는다. 그렇지만 더욱 이것들은 동등하지 않으므로 둘 중 어느것도 충분하지도 다른 것을 대신해 줄 수도 없을 것이다. 더 정확히 말하면 우리가 매우 관대하다면 그것만으로도 아마 충분할 수 있을지도 모른다. 그렇지만 우리는 그것이 너무나 부족하고 드물고 적기에……. 우리는 관대함이 부족하므로 연대성이 필요하고, 그래서 우리가 그토록 연대성을 필요로 하는 것이다!

관대함은 도덕적인 미덕이고, 연대성은 정치적 미덕이다. 국가의 가장 큰 업무, 그것은 이기주의의 조절화·사회화이다. 그러므로 정치가 필요하다. 그러므로 이것은 다른 것으로 대신할 수 없는 것이다. 정치는 도덕·의무·사랑……의 영향을 받지 않는다. 견해·이익·이해 관계에 대한 갈등과 힘의 관계가 지배한다. 마키아벨리나 마르크스를 보라. 홉스나 스피노자를 보라. 정치는 이타심의 한 형태가 아니다. 즉 그것은 지적이고 사회화된 이기주의이다. 그것은 단지 정치를 유죄 판결 내리는 것이 아니라 그것을 정당화하는 것이다. 왜냐하면 우리 모두가 이기주의자이기 때문이고, 그만큼 전체가 그리고 지혜롭게 그러하기 때문이다. 보편화된 무질서나 대결보다, 거의 모두를 위해, 그런 식으로 사람들이 믿는 것이나 공통의 이익에서 계획된 인내를 요하는 탐구가 더 낫다는 것을 누가 알지 못하겠는가? 거의 모든 사람을 위해 부당함보다 정의가 더 낫다는 것을 누가 모르겠는가? 도덕적으로 증명된 것 역시 도덕과 정치가 제 목표 속에서 대립되지 않음을 보여주는 것이 자명하다. 그렇지만 도덕은 관철하는 것으로 충분하지 않고, 도덕과 정치가 더 이상 혼동되지 않을 거라고 제시하는 것은 또 다른 자명한 이치이다.

제 원칙 속에서 도덕주의는 무사무욕한 것이다. 그렇지만 어떤 정치도 그렇지 않다.

도덕은 보편적이거나 스스로 그렇게 되기를 바란다. 그러나 모든 정치는 특별하다.

도덕은 고독한 것이다(일인칭에게만 적용된다). 그렇지만 모든 정치는 집단적이다.

그러므로 도덕이 도덕의 정치 그 이상도 정치를 대신할 수도 없을 것이고, 그러므로 우리는 그 둘 모두가 필요하고 그 둘 사이의 구별이 필요하다.

예외 없이 선거는 선한 자와 악한 자를 구별하지 않는다. 그 대신 선거는 정당, 사회 단체, 이데올로기, 동맹국, 이익, 견해, 우선권, 선택, 정책……을 구분한다. 도덕 역시 여기서는 할 말이 있음을 확실히 상기(도덕적으로 비난할 만한 투표는 있다)시킬 필요가 있다. 그렇지만 이것은 계획도 전략도 대신할 수 없음을, 우리가 잊어버리게 만들 수도 없을 것이다. 실업·전쟁·잔인함에 맞서 도덕은 무엇을 제안하고 있는가? 도덕은 우리에게 이것들과 맞서 싸워야만 한다고 말하지만 어떻게 이것들을 가장 운 좋게 제압할지는 결코 아니다. 그런데 정치적으로 중요한 것은 **어떻게** 하는 가이다. 너는 정의에 찬성하는가 자유를 찬성하는가? 도덕적으로 그것은 가장 최소한의 것이다. 그렇지만 정치적으로는 이것들을 어떻게 보호하는지도 어떻게 조정해야 하는지도 너에게 말하지 않는다. 너는 이스라엘 사람들과 팔레스타인 사람들이 확실하고 인정받은 조국을 갖기를, 코소보의 모든 주민들이 평화롭게 살고 경제적인 세계화가 국민과 개인을 희생시키지 않고 이루어지기를, 모든 나이 든 사람들이 온당한 퇴직연금의 혜택을 받을 수 있기를, 그런 이름을 받을 만한 교육과 혜택을 모든 젊은이들이 수혜하기를 바랄 것이다. 도덕은 너를 인정할 수 있을 뿐이며, 우리의 기회가 전부 거기에 이를 수 있도록 어떻게 연장시킬 수 있는지는 결코 너에게 말하지 않는다. 그리고 시장 경제나 자율적 관행이 그것에 충분할 수 있다고 누가 믿을 수 있겠는가? 시장은 상인들에게만 가치가 있다. 그런데 세상은 그렇지만은 않다. 그런데 정의도 그렇지만은 않다. 자유도 그렇지만은 않다. 팔지 않을 물건을 시장에 내어놓는 것이 얼마나 정신 나간 짓인가! 기업에 관해서라면 기업은 우선 이익을 목표로 한다. 나는 그들을 비난하는 것이 아니다. 말하자면 그것이 기업의 기능이고 우리는 그 이윤이 필요하다. 그렇지만 누가 그 이익이 인간적인 사회를 이루는 데충분하다고 믿을 수 있겠는가? 경제는 풍요를 낳고 그래야만 한다. 그리고 그것이 결코 지나친 법은 없다. 우리는 정의 · 자유 · 안전 · 평화 · 형제애 · 계획 · 이상…… 역시 필요하다. 어떤 시장도 그것을 고려하지는 않는다. 그래서 정치가 필요해진다. 즉 도덕이 충분하지 않으므로, 경제가 충분하지 않으므로 그것으로 만족한다고 주장하는 것에 대해 그때부터 도덕적으로 비난할 만하고 경제적으로는 처참하게 될 것이다.

왜 정치인가? 왜냐하면 우리가 성인도, 그렇다고 소비자이기만 한 것도 아니기 때문이다. 우리가 시민이기 때문이고, 우리가 시민이어야만 하기 때문이며, 우리가 시민으로 남을 수 있도록 하기 위해서이다.


자신의 직업을 정치로 하는 자들에 관해서라면 그들의 수행 능력이나 그들의 능력에 대해 과도한 환상을 품지 말고, 그들이 일반 대중에게 할애하는 노력에 대해 그들에게 감사히 생각해야만 한다. 감시는 인간의 권리와 시민 의무에 속한다.

이런 공화국 감시와 모든 것을 조롱하는 조소나 모든 것을 경멸하게 만드는 무관심과 혼동하지 말도록. 경계하는 것, 그것은 말에 대해 믿지 말라는 것이다. 그것은 원칙적으로 비난하거나 비방하는 것이 아니다. 오늘의 위급함으로 정치하는 자에 대해 끊임없이 비방해서 정치를 복권시키지는 않을 것이다. 민주주의 국가에서는 사람들이 자신에게 걸맞은 정치적 인간을 갖는다. 다른 모두를 위해 이런 체제를 선호하는 그 이상의 이유이다. 즉 사람들은 타인들과 더불어 체제를 변모시키기 위해 처신한다는 조건에서만 그것을 도덕적으로 불평할——물론 이것이 부족한 근거는 아니다——권리가 있을 뿐이다.

정의 · 평화 · 자유 · 번영……을 기대하는 것으로 충분하지 않다. 이것들을 수호하고 진척시키기 위해 행동해야만 한다. 그것이 단지 효과적으로 여러 사람에게 익숙해지도록 할 뿐이고, 그런 이유로 필연적으로 정치를 거친다. 정치가 도덕적으로도 경제적으로도 국한되지 않는다는 것을 나는 충분히 주장했다. 끝으로 다시 한번 상기시키자년 이것이 도덕적으로 아무래도 좋다거나 경제적으로 효력이 없다는 것을 의미하지 않는다. 인간의 권리와 제 자신의 안녕에 집착하는 모든 개인에 대해서 정치에 전념하는 것만이 그의 권리는 아니다. 즉 그것은 제 의무이고 제 이해 관계이다——물론 이것이 조정하는 거의 유일한 방식이다. 정글의 법칙과 사랑의 법칙 사이에는 그냥 법칙이 존재한다. 순결주의와 야만 사이에는 정치가 존재한다. 천사들은 그것 없이도 지낼 수 있을 것이고 짐승들도 그것 없이 지낼 수 있을 것이다. 그렇지만 인간들은 그렇지 않다. 그래서 아리스토텔레스가 적어도 그런 의미로 "인간은 정치적 동물이다"라고 한 것은 옳다. 즉 왜냐하면 정치 없이는 완전히 자신의 인간성을 수용할 수 없을 테니까.

'인간을 올바르게 만들기(도덕)'만으로 충분치 않다. 인간적인(여러 관점에서 사회가 인간을 길러내므로) 사회 역시 만들어야만 한다. 그리고 그런 이유로 적어도 부분적으로 항상 사회를 새롭게 만든다. 세상은 끊임없이 변화한다. 변화하지 않는 사회는 파멸할 운명에 처하게 될 것이다. 그러므로 행동하고 싸우며 저항하고 창조하며 지키고 변화시켜야만 한다……. 그것이 정치가 소용되는 경우이다. 좀더 관심을 끄는 임무들이 있는가?

아마도. 그렇지만 사회 충위에서 더 긴박한 것은 거기에 없다. 역사는 기다리지 않는다. 어리석게 기다리면서 머물러 있지 말도록!

역사가 운명도 아니고 우리를 이루는 것만도 아니다. 우리가 함께 만드는 것, 우리를 형성하는 것이 역사이고 그것이 정치 자체이다.

# 3
# 사 랑

"사랑, 그것은 즐김이다."

아리스토텔레스

사랑은 가장 흥미로운 주제이다. 우선 사랑 그 자체로 행복해서 약속하는 것 같다——게다가 때로 그것으로 위협하거나 난처하게도 한다. 친구들 사이에서는 어떤 주제가 더 기분 좋고, 더 은밀하며, 더 강렬한가? 연인들 사이에서는 어떤 대화가 더 은밀하고, 더 감미로우며, 더 혼란스러운가? 자기 자신에게 열정보다 더 감동시키는 것은 무엇인가?

사람들은 사랑하는 것과 다른 열정, 정열적인 것과 다른 사랑이 존재한다고 말할 것이다……. 아주 진실한 이런 사실이 내 말을 확인시켜 준다. 즉 사랑은 그 자체로서 뿐만 아니라——약속하거나 연루된 행복에 의해——간접적으로도 가장 흥미로운 주제이다. 즉 모든 이해 관계가 사랑을 전제하므로. 너는 스포츠에 더 흥미를 갖는가? 그것은 네가 스포츠를 좋아하기 때문이다. 영화는? 돈은? 그것은 네가 돈을 좋아하거나 물건을 구입할 수 있게 하기 때문이다. 정치는 어떤가? 그것은 네가 정치나 권력, 정의 혹은 자유……를 좋아하기 때문이다. 네 일은? 그것은 네가 그 일을 사랑하거나 최소한 네게 가져다주거나 가져다줄 것을 사랑하기 때문이다. 행복은? 그것은 네가 너 자신을 다른 사람들처럼 사랑하고, 그 행복이 물론 다른 것이 아니고 지금 그대로인 사랑, 사람들이 보유한 사랑, 사람들이 하는 사랑이기 때문이다……. 철학에 흥미가 있는가? 그것은 제 이름(**필로소피아**는 그리스어로 지혜에 대한 사랑이다)에서 그리고 제 대상(사랑하는 것과 다른 어떤 지혜란 말인가?)에서 사랑을 담고 있다. 모든 철학자들이 밝히는 소크라테스는 사랑과 결코 다른 것을 희망하지 않았다. 파시즘·스탈리니즘·죽음·전쟁에 흥미를 가지는가? 그것은 네가 그것들을 좋아하거나 더 진실임직하고 더 정확한 것을 사랑하고, 그것들을 견뎌내는 민주주의·인간의 권리·평화·형제애·용기……를 사랑하기 때문이다. 관심이 다르면 그만큼의 다른 사랑도 있다. 그렇지만 사랑 없이는 어떤 관심도 없다. 그것이 출발점으로 나를 이끈다. 그러므로 사랑은 가장 흥미로운 주제이고, 우리가 거기에서 평가하고 발견하는 사랑의 중요성과 다른 관심은 없다.

그러므로 사랑을 사랑하거나 아무것도 사랑하지 않거나 해야 한다——사랑을 사랑하거나 죽거나 해야 한다. 그러므로 자살이 아닌 사랑이 진정 심오한 철학적인 유일한 문제이다.

《시시포스의 신화》의 초두에서 카뮈가 쓴 것을 나는 염두에 두고 있다. "참으로 중대한 철학적 문제는 단 하나뿐이다. 그것은 자살이다. 인생은 살 만한 가치가 있는가 없는가 하는 것을 판단하는 것, 이것이 철학의 근본적인 질문에 대답하는 것이다." 나는 두번째 문장에는 기꺼이 동의할 것이다. 왜냐하면 나로서는 첫번째 문장에 절대적으로 동의하는 것을 금하기 때문이다. 삶은 살아 볼 가치가 있는가? 자살은 문제를 해결하기보다는 더한층 문제를 제기한다. 그러므로 사랑만이 문제를 제거하지 않고(왜냐하면 매일 아침저녁 문제가 다시 제기되기 때문에) 우리가 살아 있는 한, 우리가 삶을 유지하는 한 조금씩 문제를 해결하면서 산다. 삶이 살아 볼 가치가 있건 없건 오히려 살아 볼 가치와 **기쁨**이 있건 없건, 이것은 무엇보다 가능한 사랑의 양에 달린 문제이다. 그것은 스피노자가 본 문제이다. "우리 모두의 행복과 우리 모두의 불행은 단 한 점으로만 존재한다. 즉 우리는 사랑으로 어떤 종류의 대상에 집착하는가?" 행복, 그것은 만족하는 또는 여러 가지의 사랑이다. 불행, 그것은 불운한 사랑 혹은 더 이상의 사랑이 없는 것이다. 프로이트가 말한 의기소침함이나 우울한 정신병의 특징이 무엇보다 '사랑하는 능력의 상실'——자기 자신을 사랑하는 것을 포함한——이다. 그것이 종종 자살할 우려가 있다 하더라도 놀랍지 않다. 사랑이 살게 만든다. 사랑이 삶을 사랑하게 만들기 때문에 사랑이 구원해 준다. 그러므로 사랑이 구원에 관계된다.

그렇지만 어떤 사랑인가? 그리고 어떤 대상을 위해서?

실제로 사랑은 제 대상이 셀 수 없듯이 확실히 다양하다. 내가 말했듯이 사람들은 사랑이나 권력을 사랑할 수 있지만 또한 제 친구들, 사랑에 빠진 남자나 여자, 아이들, 부모들, 게다가 아무라도 사랑할 수 있다. 그러니까 그저 거기에 있는 자, 이웃이라 부르는 자를 사랑할 수 있다. 만약 신을 믿는다면 신 또한 사랑할 수 있다. 적어도 어느 정도 자신을 사랑한다면, 그 자체로 믿어라. 그렇게 많은 종류의 사랑을 가리키는 데 있어 존재하는 단어의 단일성이 혼동의 원인이고, 게다가——불가피하게 욕망이 개입하기 때문에——환상의 원인이 된다. 우리가 사랑에 대해 말을 할 때 우리가 무엇에 대해 말하는지 아는가? 모호한 사랑을 돋보이게 하거나 감추기 위해 종종 단어의 모호함을 이용하지 말자. 즉 말하자면 우리의 실수나 나쁜 버릇을 감추기 위해——교정하기 위해서라기보다——우리 자신과 다른 것을 사랑하는 척하는, 거짓말을 꾸며내기 위해 에고이스트나 자기 중심적인 태도를 이용하지 말자. 사랑은 모두의 마음에 든다. 너무나 당연한 이것이 우리를 경계하도록 할 수밖에 없다. 진리에 대한 사랑은 사랑에 대한 사랑을 동반할 것이고, 그것을 가르쳐 주며 그것으로 이끌어 줄 것이다. 아마도 열정이 그것을 억제할 수 없게 한다. 예를 들어 자신을 사랑해야 한다는 것, 그 것은 자명하다. 그것이 아니라면 **우리 자신처럼** 우리의 이웃을 사랑하도록 어떻게 우리에게 요구할 수 있겠는가? 그렇지만 자신만을 종종 사랑하거나 자신을 위해서 사랑하는 것, 그것은 하나의 경험이고 위험이다. 왜 우리들은 우리의 이웃 **역시** 사랑하도록 요구받는가?

상이한 사랑에 대해서 상이한 단어가 필요할 것이다. 프랑스어로 그것은 부족한 단어가 아니다. 즉 우정·상냥함·정열·호의·애착·애정·동정·공감·자애·경배·자비·욕망……. 단지 사람들은 선택에서의 당혹감을 느낄 뿐이다. 그리고 사실 그것은 좋은 당혹감이다. 확실히 우리보다 더 명석하고 종합적인 그리스인들은 서로 다른 세 가지 사랑을 지칭하는 데 원칙적으로 세 단어를 쓰고 있다. 이것은 사랑에 대한 세 가지 그리스 명사인데, 모든 언어에서 내가 아는 한 가장 분명한 단어들이다. 즉 **에로스·필리아·아가페**. 나는 내 《위대한 미덕에 대한 소고》라는 책에서 장황하게 그것에 대해 언급했다. 그러므로 여기서는 단지 몇 가지 실마리만 짧게 지적하겠다.

**에로스**란 무엇인가? 그것은 결핍이고 사랑의 열정이다. 플라톤에 의하면 사랑은 "소유하지 못한 것, 존재하지 않는 것, 즉 부족한 것이고, 바로 그것이 욕망과 사랑의 대상이다." 빼앗고, 소유하고, 지키고 싶은 것이 사랑이다. 나는 널 사랑해. 그러므로 나는 널 원해. 그것이 가장 쉬운 사랑이다. 그리고 가장 폭력적이다. 어떻게 보고 싶은 것을 사랑하지 않을 수 있는가? 그것이 열정(결핍·불행·실망 안에서만 머무는)의 불가사의이다. 그리고 그것이 종교(신은 절대적으로 부족한 존재이다)의 불가사의다. 어떻게 신앙 없는 그런 사랑이 행복할 수 있는가? 신앙은 소유하지 못한 것을 사랑해야만 하고 고통받아야 하며, 혹은 더 이상 사랑하지 않는(부족한 것만을 사랑하므로) 것을 소유해야만 하고 또 그리워해야 한다……. 열정에 대한 고통, 커플들의 슬픔, 그러므로 행복한 사랑(에로스)은 존재하지 않는다.

그렇지만 사랑 없이 어떻게 사람이 행복할 수 있는가? 사랑하는 사람이 어떻게 결코 행복하지 않을 수가 있는가? 플라톤이 모든 것에 대해서 항상 옳은 것은 아니다. 결핍이 사랑에 대한 전부가 아니기 때문이다. 즉 때로 우리에게는 부족하지 않는 것——우리가 가진 것, 우리가 행하는 것, 있는 바의 것을 사랑하게 되는——을 사랑하게 되는 일이 있다. 그리고 그것을 즐겁게 즐기는 것이다. 그렇다. 그것을 즐기고 우리를 즐겁게 만드는 일이 있다! 그것은 그리스인들이 **필리아**라 불렀던 것이고, 이를테면 아리스토텔레스("사랑하는 것, 그것은 즐거워지는 일이다")에 의한 사랑이고, 행복의 비결이다. 우리에게 부족하지 않은 것을 우리가 즐기는 것, 그래서 우리가 사랑한다. 그리고 그것이 우리를 기쁘게 하고, 아니 더 정확히 하면 우리의 사랑이 이런 기쁨 자체이다. 성교에 대한 쾌락과 행동(하는 사랑)에 대한 쾌락, 커플과 친구들(공유하는 사랑) 사이의 행복이 그것이다. 그러므로 불행한 사랑(**필리아**)은 없다.

우정은? 프랑스어로 보통 **필리아**를 그렇게 번역한다. 그 단어가 그것의 영역이나 영향력을 어느 정도 축소하지 않는 것은 아니다. 왜냐하면 우정이야말로 욕망(더 이상 부족한 것은 아니지만 정력적인)이나 열정(**에로스와 필리아**는 혼동될 수가 있고 또 종종 혼동된다)과도 가족(아리스토텔레스는 훨씬 뒤에 몽테뉴가 **내연 관계의 우정**에 대해 말한 것처럼 부모와 자식 간의 사랑, 부부 사이의 사랑 역시 **필리아**로 지칭한다)이나 연인들의 매우 혼란스럽고 소중한 사생활……과도 양립할 수 없기 때문이다. 그것은 성 토마스가 욕망의 사랑(제 자신의 이익을 위해 타인을 사랑하는 것)이라 불렀던 것이 더 이상 아니거나 단지 그것만은 아니다. 그것은 온정의 사랑(타인의 행복을 위해 타인을 사랑하는 것)과 행복한 커플에 대한 비밀이다. 왜냐하면 사람들은 이런 호의가 욕망을 배제하지 않으리라 생각하기 때문이다. 즉 연인들간에 이런 호의는 반대로 그것에 몰두하고 그것을 가르쳐 준다. 사람들이 주고받는 쾌락을 어떻게 즐기지 않을 수가 있는가? 우리들을 유혹하는 그 혹은 그녀에게 어떻게 호의를 품지 않을 수가 있는가?

그리스인들이 **필리아**로 불렀던 이런 기분 좋은 호의, 이런 호의적인 기쁨은 아리스토텔레스에 의하면 그것이 사랑이다. 즉 사랑하는 것, 그것은 즐기는 것과 사랑하는 자에 대하여 호의를 품는 것이다. 스피노자에 의하면 그것 또한 사랑이다. 그의 《윤리학》을 읽으면 "사랑이란 외적 원인의 관념을 동반하는 기쁨이다." 사랑한다는 것, 그것은 **즐거워지는** 일이다. 그래서 엉뚱하게 사랑과 기쁨이 다르지 않다. 그래서 제 원칙에서 즐거움과 사랑이 다른 것이 아니다. 결핍은? 그것은 사랑의 본질이 아니다. 그것은 현실이 우리에게 부족할 때, 슬픔이 우리에게 상처를 주거나 고통을 줄 때의 우연한 일이다. 그렇지만 무엇보다 행복이 거기에 없다면 우리에게 상처 주는 일 또한 없을 것이다. 욕망은 결핍이 아니다. 사랑은 결핍이 아니다. 그러니까 욕망은 힘(향유의 힘, 잠재적인 기쁨)이다. 사랑은 기쁨이다. 모든 연인들 그리고 모든 친구들도 그들이 행복할 때 그것을 안다.

널 사랑해. 그러므로 네가 있어 나는 행복해.

**아가페**는? 이것 역시 여전히 그리스어이지만 매우 뒤늦게 생긴 단어이다. 플라톤도 아리스토텔레스도 에피쿠로스도 이 단어를 결코 사용한 바 없다. **에로스**와 **필로스**만으로도 그들에게는 충분하다. 그들은 열정이나 우정만을, 결핍에 대한 고통이나 공유에 대한 기쁨만을 알 뿐이다. 그렇지만 이 세 사람이 죽은 후 셈족의 작은 유대인이, 먼 로마 식민지에서 있을 법하지도 않은 방언 속에서 놀라운 것들에 대해 갑자기 말하기 시작했다. **"신은 사랑이다…….**당신의 이웃을 사랑하라…….**당신의 적을 사랑하라…….**" 물론 모든 언어에서도 생소한 이 문장을 그리스어로는 거의 번역 불가능할 것 같다. 이것은 어떤 사랑에 관계될 수 있을까? **에로스? 필리아?** 이것으로는 우리에게 부조리만을 토로할 것이다. 그것이 무엇이든 어떻게 신이 부족할 수가 있는가? 그가 누구이건 누구의 친구가 될 수 있는가? 아리스토텔레스가 이미 말했듯이 "신의 친구라 주장하는 웃지 못할 일이 너무도 많다." 사실상 너무나 보잘것없고 너무나 하찮은 우리의 존재가 어떻게 신의 영원하고 완벽한 기쁨을 확장할 수 있는지 상상하기 어렵다……. 우리의 이웃(즉 모든 사람, 누구나)을 사랑하라고, 우리의 적과 불합리하게 친구가 되라고 누가 우리에게 점잖게 요구할 수 있겠는가? 그럼에도 세상에 대해 이해하기 위해 오늘날 영어로 하듯이 그리스어로도 이 가르침을 번역해야만 했다……. 물론 예수의 초기 제자들은 그에 관한 것이므로 상용 명사가 없는 동사(agapan: 사랑하다)에서부터 만들어진 신조어를 계속해서 대중화하거나 지어냈다. 즉 이것은 라틴 사람들은 **카리타스**(caritas)로, 프랑스인들은 가장 빈번하게 **자애**(charité)……로 번역하는 **아가페**를 만들어 내게 된다. 무엇에 관련되는가? 우리가 할 수 있는 한 이웃에 대한 사랑, 즉 우리가 보고 싶어하지도 우리에게 좋은 일을(사랑에 빠진 것도 친구도 아닌) 하지도 않는 자에 대한 사랑이다. 그저 거기에 있는, 그리고 순수한 상실로 대가를 바라지 않고, 아니 더 정확히 하면 그를 위해 그것이 무엇이든, 하는 것이 무엇이든, 그가 우리의 적이든…… 사랑해야만 한다. 그것은 예수 그리스도에 의한 사랑, 시몬 베유나 장켈레비치의 사랑이고, 가능하다면 성스러움에 대한 불가사의이다. 관대함이나 은혜와 이런 사랑스럽고 정다운 **자애**를 혼동하지 않을 수 없을 것이다. 그것은 오히려 **에고**("단지 그이고 나이기에"라고 몽테뉴가 라 보에티에 대한 자신의 우정에 대해서 언급한 그런 우정의 경우가 아닌)가 제거된, 에고이즘을 벗어 버린, 모든 것을 내어주는, 그런 이유로 구세주라는 보편적인 우정에 관계될 것이다. 그가 존재한다면(〈요한 일서〉에 언급한 "O Théos agapè estin estin," 즉 신이 곧 사랑이다), 그것은 신에 대한 사랑일 것이다. 그리고 만약 신이 존재하지 않는다면 우리의 성정이나 꿈과 가장 유사할 것이다.

**에로스, 필리아, 아가페**는 부족한 혹은 품는 사랑이고, 즐기고 공유하는 사랑, 받아들이고 주는 사랑이다……. 셋 중에서 선택하는 데 너무 과도하게 서두르지는 말기를! 결핍 없이 어떤 기쁨인가? 공유 없는 어떤 증여인가? 적어도 지적으로 이 세 가지 사랑 혹은 이 세 가지 유형의 사랑 혹은 이 세 가지 정도의 사랑에서 구분해야만 한다면, 특히 이해를 위해 서로 통하는 과정을 밝히기 위해서는 이 셋 모두가 필연적이고 셋 모두 연관되어 있다. 이것이 서로 상반되는 사랑의 세 본질은 아니다. 오히려 사랑의 범위인 동일한 범위 내에서의 세 극이고 혹은 삶의 영역이고 동일 과정에서의 세 계기들이다. **에로스**가 항상 처음이고, 그것은 플라톤이나 쇼펜하우어 이후 프로이트가 우리에게 상기시킨 것이다. 다음으로 **아가페**는 복음서가 끊임없이 우리에게 지적하는 목표(그것을 향해 우리가 적어도 겨냥할 수 있는)이다. 마지막으로 **필리아**는 경로이거나 경로로서의 기쁨이다. 즉 이것은 결핍을 힘으로, 가난을 풍요로 바꾸는 것이다.

젖을 먹는 아이를 보라. 젖을 먹이는 어머니를 보라. 그녀도 물론 아이였다. 그러므로 우리는 모두 품는 것으로 사랑을 시작하고 이미 그것이 사랑하는 방식이다. 그리고 우리는 적어도 어느 정도는 주는 것을 배운다. 그리고 그것이 그 어느 때보다 인간적인 사랑에, 그럼에도 무한한 이미지로 만드는 너무나 허약하고 걱정스럽고 제한된 사랑에, 우리가 한때 그 대상이었던 우리를 주체로 하는 사랑에, 창조된 것이 아닌 우리에게 야기된 은총과도 같은 우리를 초월하는 과분한 사랑에, 우리를 현혹하고 정화하며 키우고 보호하며 위로하는 사랑에, 결정적으로 우리와 동반하는, 우리가 보고 싶어하고 우리를 즐겁게 해주며 우리의 마음을 뒤흔들어 놓고 우리를 인도하는 사랑에 그것이 받은 사랑에…… 끝까지 충실한 유일한 방식이다. 어머니들이 존재하지 않는다면 우리가 사랑에 대해 무엇을 알겠는가? 사랑이 없다면 우리가 신에 대해 무얼 알겠는가?

사랑에 대한 **철학적인** 진술이 예를 들면 다음처럼 될 수 있을 것이다.

"플라톤의 사랑: "나는 널 사랑해. 네가 보고 싶어. 널 원해."

아리스토텔레스나 스피노자의 사랑: "난 널 사랑해. 넌 내 기쁨의 원인이고 이것이 나를 즐겁게 해."

시몬 베유나 장켈레비치의 사랑: "아무것도 아니거나 거의 아무것도 아닌 내 자신처럼 널 사랑해. 신이 존재한다면 신이 우리를 사랑하듯이 널 사랑해. 어느 누구라도 널 사랑해. 너의 나약함, 네 어마어마한 나약함을 위해 내 얼마 안 되는 힘을, 내 온 힘을 다해 사랑해……."

**에로스, 필리아, 아가페**는 품에 안는 사랑, 좋아하거나 견디는, 소유하거나 잃는 것만을 아는 사랑이다. 우리가 사랑하는 자가 잘 되기를 바라고 즐기며 공유하는 사랑이고, 결국 수용하고 옹호하는 사랑이고, 주고 자신을 맡기는 사랑이며, 더 이상 사랑받는 것조차 필요 없는 사랑이다.

이 모든 방식으로 난 널 사랑한다. 너를 탐욕스레 품고, 네 삶, 침대, 사랑을 기꺼이 공유하고, 나를 내어주고, 부드럽게 내맡긴다…….

지금 이대로의 네가 있어서 고마워. 존재해서, 존재할 수 있게 나를 도와주어 고마워."

# 4

# 죽 음

"다른 모든 것들에 대해서라면 안전을 강구할 수
있다. 그렇지만 죽음으로 인해 우리 인간 모두 불안
한 삶을 살아간다."

에피쿠로스

죽음은 사고하는 데 있어 필연적이고 불가능한 대상이다.

우리 모두의 삶이 무(우리가 죽지 않는다면 매 순간이 아마도
다른 양식, 다른 조명을 띨 것이다)에서 새겨진 그림자처럼, 우
리에 대해서 모든 것의 소실점처럼 제 흔적을 나타내기 때문에
필연적이다.

그러나 죽음으로 아무것도 생각할 수 없기에 불가능한 것이
기도 하다. 죽음이 무엇인가? 우리는 그것을 알지 못한다. 우
리는 그것을 알 수도 없다. 이 궁극적인 수수께끼가 우리를 어
디로 이끄는지 모르고, 아니 더 정확히 말하면 그것(죽음)에 대
해 너무 잘 아는 것처럼 그렇지만 그것의 이면 단어 뒤, 사물
뒤에 있음을 알지 못한 채, 무엇이 있는지조차 알지 못한 채 모

든 우리의 삶을 모호하게 만든다.

인류(어떤 동물도 결코 그 점에 대해서 자문한 적이 없을 것 같다)의 기원이 되는 이런 모호함이 결코 절망적인 것만은 아니다. **"죽음이란 무엇인가"**라는 질문에 철학자들은 끊임없는 답변을 했다. 형이상학의 상당한 분야가 거기에 자유자재로 답변을 한다. 그렇지만 극단을 단순화하기 위한 그들의 해답은 두 분야로 나누어진다. 즉 죽음이 아무것도 아닌 것(무)이라고 말하는 일부의 사람들과 죽음이 또 다른 삶이거나 계속된, 정화된, 해방된 삶……이라고 확신하는 사람들이다. 그것은 죽음을 부인하는 두 방식이다. 그러므로 무는 아무것도 아닌 것이 아니기 때문에 무로서, 혹은 죽음은 삶의 하나일 것이므로 삶으로서 부정하는 것이다. 죽음을 생각하는 것, 그것은 죽음을 해결하려는 것이다. 그러니까 필연적으로 대상이 빠져 있다. 죽음이 아무것도 아닌 것(에피쿠로스)이 아니거나, 죽음(플라톤)이 아닌 또 다른 삶이다.

이 두 극단 사이에서 사람들은 어떤 환경이 적절할지 결코 모른다──표면상의 무지, 불확실함, 회의, 게다가 무관심 중의 하나가 아니라면……. 그렇지만 죽음에 관련한 무지가 우리 모두의 몫이기 때문에 이 세번째 것은 처음의 두 가지가 불안정하거나 결정 불가능하다는 것의 고려에 다름이 아니다. 게다가 이것은 처음 두 가지가 제외된 세번째 원칙에 그런 식으로 따르는 상반되는 입장보다는 덜 극단적인 입장을 표현한다. 죽음이 어떤 것이든가 아니면 아무것도 아닌 것이어야 한다. 그렇지만 죽음이 어떤 것이라면 무와 구별되는 그것은 경우에 따라서나 믿음에 따라 다른 것보다 조금 더 암담하거나 분명한 또 다른 삶일 따름이다……. 요컨대 죽음에 대한 불가사의는 두 가지 유형의 대답밖에는 허용하지 않는다. 그래서 그것이 철학과 인간의 역사를 그렇게 강하게 세우는 것일 터이다. 즉 결정적인 무(특히 이 분야에서 사람들은 무신론의 유사-총체성과 유물철학을 발견하게 될)처럼 죽음을 심각하게 받아들이는 자와 반대로 두 삶 사이에서 단지 하나의 과정, 변화만을, 게다가 진리의 시작(대부분의 종교가 예고하는 것처럼 종교와 더불어 정령철학이나 관념 철학에서 예언하는 것처럼)을 보는 자가 있다. 물론 그런 불가사의가 결코 지속되지는 않는다. 언급했다시피 죽음을 생각하는 것, 그것은 죽음을 해결하려는 것이다. 그렇지만 그것이 어느 누구도 죽지 않아도 된다거나 죽음이 의미하는 바를 미리 해결해 주는 것은 아니다.

우리에게 해결할 수도 없는 문제를 생각해 보도록 하는 것이 무슨 소용이 있는가? 그것은 모든 우리의 삶이 파스칼의 생각처럼 죽음에 달려 있고 모든 우리의 생각에 좌우되는 문제이다. 그러므로 사후에 '무엇'이 존재한다는 것을 사람들이 믿거나 혹은 믿지 않는지에 따라 똑같은 방식으로 살 수도 생각할 수도 없게 될 것이다. 게다가 실제로 해결(그리고 그때부터 문제로서 제거된)되기 쉬운 문제들에만 관심을 두려고 하는 다른 사람들은 철학하기를 단념해야 할 것이다. 그렇지만 자신이나 사고의 일부를 절단하지 않고 어떻게 그것이 가능할까? 과학은 우리가 제기하는 것보다 더 중요한 어떤 문제에도 답변을 주지 못한다. 아무것도 아닌 것보다 무엇인가가 존재하는가? 삶은 살아 볼 가치가 있는 것인가? 선은 무엇이고 악은 무엇인가? 우리는 자유로운가? 결정된 것인가? 신은 존재하는가? 사후의 삶이 있는가? 광의의 의미(모든 가능물리학을 능가하는)로 형이상학적이라 말할 수 있는 이런 질문들이 우리를 생각하는 존재로 만들었다. 보다 정확히 말해 우리를 철학하는 존재(이런 물음을 제기하지 않는 과학 역시 생각한다)로 만들고, 그것이 인간이라 부르는 것 혹은 그리스인들처럼 **죽을 운명을 지닌 존재**이기 때문이다. 이를 테면 죽기 마련이기 때문만이 아니라——동물 역시 죽으니까——자신들이 죽을 것을 알고, 그럼에도 그것의 의미는 알지 못한 채 그것에 대해 생각하는 것을 중단할 수도 없는 존재이다……. 인간은 형이상학적 동물이다. 그러므로 죽음은 항상 제 문제이다. 그 문제를 해결하려는 것이 아니라 직면하는 것이다.

여기에서는 다음의 유명한 공식을 만나게 된다. 즉 **"철학을 하는 것은 죽는 것을 배우는 것이다……"** 이것은 프랑스어로 씌어진 몽테뉴의 《수상록》 I권의 스무번째 제목이기도 하다. 몽테뉴가 《투스쿨라네스》에서의 플라톤을 인용해 소개하고 있는 키케로의 이념을 차용한 것이다……. 말하자면 그것은 키케로가 라틴어로 번역한 플라톤의 생각이고, 몽테뉴가 다시 프랑스어로 번역한 것이다. 중요한 것은 이 문장이 몽테뉴가 이미 지적한 바대로 두 가지 다른 의미로 읽힐 수 있다는 것이다. 말하자면 이 두 의미 사이에서 어느 정도 모든 삶――철학의 모든 분야――이 결정된다는 것이다.

플라톤이 생각한 죽음의 의미는 말하자면 영혼과 육체의 분리이고, 이것이 삶의 목표라는 것이다. 그 목적을 향해 철학이 일종의 단축을 단행할 거라는 말이다. 자살은? 반대로 육체라는 이런 감옥――《고르기아스》에서 언급한 대로 무덤과 같은――에서 해방되었기 때문에 더 생생한, 순수한, 자유로운 삶이다……. 플라톤은 "진정한 철학자는 이미 죽었다"고 썼다. 그러므로 결코 죽음이 그들을 두렵게 만들지 않는다. 무엇이 그들의 죽음을 받아들일 수 있게 하는가?

그리고 몽테뉴가 생각하는 죽음은 '**목표**'가 아니라 인생의 '종말'이다. 제 한계, 제 본질적인 유한성(제 합목적성이 아니라)이다. 우리는 그것으로부터 도망할 수 없기에 그럼에도 우리의 삶이나 쾌락을 낭비하지 않도록 그것을 준비하고 수용해야만 한다. 첫 《수상록》에서 몽테뉴가 말한 것처럼 죽음에 맞서 익숙해지고 준비하며 **굳게 저항하기** 위해 항상 생각하려고 했다. 마지막 《수상록》에서는 이런 생각이 덜 필연적이고 일관되며 집요한 그런 습관으로, 즉 시간과 더불어 점점 더 유연하고 유순하게 수용하는 쪽으로 변했다……. 그것은 성공이긴 하지만 어쨌든 몽테뉴 자신의 발전 흔적을 나타내 주는 변화보다 덜한 자기 모순이다. 고뇌는? 그것은 단지 순간일 뿐이다. 용기는? 그것 역시 순간이다. 기분 전환이나 망각보다 차분하게 수용하는 것이 더 낫다. 이것은 몽테뉴가 일찍이 썼던 가장 훌륭한 내용 중의 하나로, 한 문장으로 요약된다. 즉 "나는 사람들이 할 수 있는 한 인생의 자기 역할을 멀리 연장시키며 그리고 죽음은 내가 양배추 심는 동안에 와 주되, 죽음이 왔다고 거리낄 것 없고 정원이 완성되지 않은 것을 더욱 염두에도 두지 않기를 바란다."철학한다는 것, 그것은 사는 법을 배우는 것이고, 죽음——죽음에 대한 생각, 죽음에 대한 불가피성——이란 삶의 일부이므로 단지 죽는 것을 배우는 것이다. 그렇지만 삶은 그것 자체로 가치가 있다. 진정한 철학자는 있는 그대로의 삶을 사랑하는 것을 배웠다. 그런데 왜 그들이 죽음을 면치 못함을 두려워해야 하는가?

무인가 아님 재생인가? 또 다른 삶 혹은 그 이상의 삶은 없는가? 이 두 가지 길 중에서 각각을 선택하거나 선택을 거부할 수조차——몽테뉴처럼, 회의주의자들처럼——있다. 그러니까 실제로 그러한 대로 미해결 문제로 남겨두거나, 이 **열림**에 머무는 것, 즉 사는 것이다. 그렇지만 여전히 그것은 죽음을 생각하는 방식이고 잘 생각해야만 하는 것이다. 실제로 그것조차 궁극적인 지평——모든 사고에 대해, 모든 삶에 대해——인 것을 어떻게 생각하지 않을 수가 있는가?

스피노자는 "자유로운 인간은 절대로 죽음을 생각하지 않는다. 자신의 지혜는 죽음에 대한 것이 아니라 삶에 대한 명상인 것이다"라고 썼다. 이 문장의 두번째 부분 역시 역설적으로 보이는 첫번째 부분보다는 명확하다. 제 덧없음, 불확실, 나약함에 대한 명상 없이 어떻게 삶——즉 철학하기——을 생각하는가? 현자(그만이 자유롭다, 스피노자)는 예를 들면 비-존재보다는 존재를, 죽음보다는 삶을, 제 나약함보다는 제 역량을 생각하는 자이다. 그렇지만 제 유한성이나 죽음을 생각하지 않고——모든 결정론은 부정이다——어떻게 제 진리 속에서 삶을 생각하는가?

게다가 《윤리학》의 다른 구절 속에서 스피노자는 단지 이런 사고가 너무 일방적일 수 있음을 지적하고 있다. 모든 유한 존재에 대해 그를 파괴할 수 있는 더 강한 또 다른 존재가 있음을 설명하고 있다. 모든 살아 있는 존재는 죽음을 면치 못하고 어느 누구도 도처에서 괴롭히고 위협하는 이런 죽음에 또한 저항하지 않고 제 존재 속에서 살 수도 지속할 수도 없음을 인식하는 것이다. 우주는 우리보다 더 강하다. 자연은 우리보다 더 강하다. 그러므로 우리는 죽을 수밖에 없다. 산다는 것, 그것은 투쟁하고 저항하며 살아남는 것이지만 결코 어느 누구도 영원히 그럴 수는 없다. 결국에는 죽어야만 하고 그것이 우리에게 약속된 유일한 결말인 것이다. 항상 그것을 생각하는 것, 그것은 과도한 생각일 터이지만 결코 그것을 생각하지 않는 것, 그것은 생각을 단념하는 일일 터이다.

게다가 어느 누구도 절대적으로 자유롭지 못하다. 또 어느 누구도 전적으로 현명하지 않다. 이것은 한창때나 혹은 잘 받아들여야만 하는 힘든 시기의 죽음을 생각하게 한다.

사후에 또 다른 삶이 있기를 사람들은 원할 것이다. 왜냐하면 그것만이 우리를 죽음에 관련된 물음에 전적으로 답변할 수 있게 만들기 때문에. 그렇지만 희망 그 이상도 아닌 호기심은 논쟁거리도 못된다.

어떤 이들은 혹시 도달하거나, 여전히 플라톤식의 표현으로 '덤벼들 듯 대단한 위협'인 죽음에서 구원을 본다. 또 다른 이들은 거기에서 고작 무를 기다릴 뿐이다. 그럼에도 불구하고 거기에서 휴식, 즉 피곤의 소멸을 발견할 뿐이다. 두 가지 생각이 모두 적절하거나 그럴 수 있다. 그것은 죽음에 대한 생각에 쓰일 수도 있다. 그러므로 삶을 좀더 희망으로 받아들일 수 있게 하거나 단일성으로 다른 것으로 더 대체할 수 없게 만든다. 이 두 경우에서 한 가지는 결코 삶을 허비하지 않게 하는 것이다.

나는 무를 가장 가능성이 있는 것으로 보는 자에 속한다. 너무 그럴듯해서 실제로 이것을 거의 확신한다. 내가 할 수 있는 한 그리고 사실상 너무 나쁘지 않게 달게 그것을 받아들인다. 내 혈족의 죽음이 그들의 고통보다 덜 걱정된다. 내 자신의 죽음은 그들의 죽음보다 덜 걱정된다. 그것은 아마도 나이의 경험이나 부성에 대한 경험 때문일 것이다. 내 죽음은 나 자신만이 질 것이다. 그래서 죽음이 모든 것을 받아들이고 또 아무것도 받아들이지 않는다. 즉 그것이 무엇이건 잃어버린 사람이 더 이상 없기에. 그런데 타인들의 죽음은 달리 실제적이고 감각적이며 고통스럽다. 우리는 그것에서 면제되지 않는다. 오! 그것을 직면하는 것 역시 면할 수 없다. 그것은 애도라고 부르는 것이고, 프로이트가 그것은 무엇보다 자신에 대한 일이고 시간을 요하며 각자가 알 듯이, 그것 없이는 어느 누구도 결코 존재와 화해할 수 없을지도 모른다고 지적했던 것이다. 프로이트가 《정신분석 시론》에서 다음의 오래된 격언을 썼음을 상기하자. "평화를 유지하고 싶다면 전쟁에 대비해 무장을 해라(Si vis pacem, para bellum). 그것을 변경해야 할 시간일지라도. 삶을 지탱할 수 있기를 원한다면 죽음을 받아들이도록 준비해라(Si vis vitam, para mortem)." 삶을 견뎌내는 것, 그것은 말하는 것으로 충분하지 않다. 삶을 사랑하고 싶다면 좀더 기꺼이, 그리고 명확하게 삶을 평가하고 싶다면 죽음이 삶의 일부임을 잊지 말도록. 죽음——자신의 죽음, 제 혈육의 죽음——을 수용하는 것, 그것이 삶에 끝까지 충실할 수 있는 유일한 방법이다.

죽음을 면치 못하는 자, 죽을 지경인 연인들, 그것이 현재 우리의 모습이고 우리에게 고통을 주는 것이다. 그렇지만 이런 상처 역시 우리를 인간으로 만드는 삶에 더 높은 가치를 부여하는 것이다. 우리가 죽지 않는다면, 죽음의 매우 모호한 본질이 부각되지 않는다면 삶이 그 정도로 소중하고 예외적이며 충격적일 수 있겠는가? "죽음에 대한 꽤 항구적인 사고의 일보가 네 삶의 더 작은 순간에는 충분한 가치를 주지 않았다"고 지드는 썼다. 그러므로 삶——어쨌든 삶이 불안정하고 덧없는 대로 사랑하기 위해——을 좀더 잘 많이 사랑하기 위해, 좀더 잘 평가하기 위해 이 장에서는 충분한 증명이 된 죽음을 생각해야 한다.

# 5

# 인 식

"눈으로 사물의 본성을 알 수는 없다."

루크레티우스

인식한다는 것은 있는 바의 것을 생각하는 것이다. 즉 인식은 정신과 세상, 주체와 대상 사이의 어떤 관계——일치·유사성·적합성——이다. 그래서 사람들은 자신의 친구·구역·집을 알아본다. 즉 우리가 머릿속에 갖고 있는 것을 우리가 생각할 때 실제로 존재하고 있는 것과 거의 상응한다.

이 **개산(槪算)**은 진리에 대한 인식을 식별하는 것이다. 실제로 사람들은 제 친구에 대해서 혼동할 수도 있기 때문이다. 자신이 사는 구역에 대해서 결코 전부 다 알 수는 없다. 자신의 집에 대해서조차 많은 것들을 모를 수 있다. 파괴 작용이나 건축에 의해 침식을 받았는지, 반대로 숨겨진 어떤 보물에 대해서 누가 단언할 수 있는가? 절대적인 인식도 완벽한 인식도 영원한 인식이란 존재하지 않는다. 너는 네 구역을 잘 아는가? 물론. 그렇지만 완전하게 알기 위해서는 거기에 존재하고 있는 최소한의 길도, 거리의 제일 작은 집도, 건물의 제일 작은 아파트도, 아파트의 제일 작은 숨겨진 곳도, 깊숙한 구석의 최소한의 먼지 알갱이도, 알갱이의 최소한의 원자도, 원자 속의 제일 작은 단자도…… 묘사할 수 있어야만 할 것이다. 네가 어떻게 그것을 할 수 있겠는가? 완벽한 학문과 영원한 지성이 필요할 것이다. 그러므로 둘 모두 우리의 힘이 미치지 못한다.

그렇지만 이것이 우리가 아무것도 알지 못함을 의미하는 것은 아니다. 만약 그런 경우라면 우리가 어떻게 안다는 것과 모른다는 것을 알 수가 있겠는가? 몽테뉴의 물음이자 사실상의 문제("내가 무엇을 아는가")와 칸트의 물음이자 당위의 문제("내가 무엇을 어떻게 그리고 어떤 조건에서 알 수 있는가")는 둘 모두 적어도 가능한 진리의 이념을 전제로 한다. 만약 그렇지 않다면 우리가 어떻게 추론할 수 있으며 철학이 무슨 소용인가?

진리, 그것은 있는 바의 것(veritas essendi: 존재 진리)이거나, 있는 바의 것에 정확히 부합하는 것(veritas cognoscendi: 인식 진리)이다. 그래서 어떤 인식도 진리는 아니다. 왜냐하면 우리는 결코 존재하는 바도, 있는 바의 모든 것도 절대로 알 수 없기 때문이다. 우리는 그것이 무엇이든 단지 우리의 감각, 이성, 이론으로 인식할 뿐이다. 모든 인식이 본래 매개인데 어떻게 직접적인 인식이 존재할 수 있겠는가? 최소한의 우리의 사고도 우리의 신체·정신·문화의 흔적을 나타낸다. 우리 안의 모든 이념은 인간적이고 주관적이며 제한되어 있으므로 실재의 고

갈되지 않은 복합성에는 절대로 부합할 수 없을 것이다.

"인간의 눈은 인식의 형태로 사물들을 알아볼 수 있을 따름이다"라고 몽테뉴는 말했다. 칸트가 제시한 바대로 우리는 우리 오성의 형태로만 사물들을 사고할 수 있을 뿐이다. 다른 눈은 우리에게 또 다른 풍경을 가리킬 것이다. 또 다른 정신은 그것을 다르게 생각할지도 모른다. 아마도 또 다른 뇌가 또 다른 수학·물리·생물학을 창조할지도 모른다. 어떻게 우리가 사물들이 있는 그 **자체로** 존재하는 바대로 알아볼 수 있는가? 왜냐하면 그것을 인식한다는 것은 항상 사물들이 **우리를 위해** 존재하는 것처럼 지각하고 생각하기 때문이다. 우리는 결코 참(우리의 감각성, 이성, 척도, 관념, 이론……의 관찰 도구의 중개로 그것을 알아볼 따름이다)에 직접적으로 접근할 수는 없다. 어떤 절대와의 절대적 접촉도, 무한에 대한 어떤 무한한 열림도 없다. 우리가 어떻게 그것을 완전히 알아볼 수 있겠는가? 우리는 그것을 인식하고 이해할 수 있게 하는 수단 자체로 실재를 구별한다. 그런데 어떻게 우리가 그것을 완전하게 알 수 있겠는가? 한 주체를 위한 하나의 인식만이 존재할 뿐이다. 과학적일지라도 어떻게 인식이 완벽하게 객관적인 것이 될 수 있겠는가?

그러므로 인식과 진리는 매우 다른 두 관념이다. 그렇지만 둘 모두 역시 결속되어 있다. 어떤 인식도 진리는 아니다. 그렇지만 전혀 진실이 아닌 인식은 더 이상 인식이 아닐지도(착란·실수·환상……일지도) 모른다. 어떤 인식도 절대적이지 않다.

그렇지만 인식이 용납하거나 허용하는 절대의 부분으로서만 인식——단순히 믿음이나 의견이 아닌——할 따름이다.

예를 들면 지구는 태양 주변을 돈다. 어느 누구도 절대로, 완전히, 완벽하게 그것을 알 수는 없다. 그렇지만 우리는 이 운동이 엄연히 존재하고 그것이 지구의 자전 운동에 관계됨을 안다. 지속되고 있는(왜냐하면 이론에 관계되기에) 이론이 아무리 상대적일지라도. 코페르니쿠스·뉴턴 이론이 히파르코스나 프톨레마이오스 이론보다는 더 진실하고 확실하다. 그러므로 더 절대적이다. 마찬가지로 상대성 이론은 그 이론이 증명하고, 그것을 설명하지 못하는 18세기 천체역학보다는 더 절대적(그 이름 때문에 종종 그것을 더 상대적인 것으로 믿지 않는)이다. 상대적인 모든 인식, 그것은 모든 것이 우열이 없음을 뜻하는 바는 아니다. 프톨레마이오스에서 뉴턴까지만큼 뉴턴에서 아인슈타인에 이르기까지 이론의 여지 없이 진보는 이루어졌다.

그러므로 과학 역사가 존재하고, 이런 역사는 규범적인 동시에 불가역적이다. 역사가 더 진실한 것과 그렇지 못한 것을 비교하기 때문에 사람들이 이해하고 논박한 실수 속에 결코 다시 추락하지 않는다. 그것은 바슐라르와 포퍼가 각자 제 방식대로 제시한 바이기도 하다. 어떤 과학도 결정적이지 않다. 그렇지만 바슐라르의 말처럼 과학의 역사가 '모든 역사에서 가장 불가역적'이라면, 그것은 거기에서 진보가 증명될 수 있고 또 증명되었기 때문이다. 그러므로 그것이 '과학적인 문화의 역학 자체'이다. 어떤 이론도, 절대적인 진리도 절대적으로 입증할

만한 것이 못된다. 그렇지만 만약 그것이 과학적 이론에 관계
된다면 경험과 비교 대조되고, 그것을 테스트하고, 포퍼의 말
대로 그것을 **반증하는** 것이 가능할지도 모른다. 달리 말하면
경우에 따라서 제 허구성을 부각시킬 수도 있다. 이런 실험을
견뎌낸 이론은 이것들이 통합하거나 능가하는, 그것을 이기지
못한 것을 교체한다. 그것은 이것 덕분에 과학이 진보하는——
사람들이 때때로 믿어 버리는 것처럼 확신에 찬 믿음에서가 아
니라, 포퍼의 용어로 '실수의 시도와 제거로,' 카바예가 말한
것처럼 '철저한 분석과 정정 삭제로'——이론의 문화 도태(다
윈이 종의 자연 도태에 대해 언급한 의미로)를 이룬다. 그럼에도
이것들을 모두 거부하게 하는 것도, 미신이나 무지를 선호하게
——인식을 단념하는 것——하는 것이 허용되지 않고, 그런 이
유로 과학적인 이론은 항상 부분적이고 일시적이며 상대적이
다. 매우 괄목할 만하면서도 확실한 과학의 진보는 그것의 상
대성(절대과학은 더 이상 진보할 수 없으므로)과 적어도 부분적
인(우리의 과학에서 진실한 것이 아무것도 없다면 과학은 더 이상
진보하지 않을 것이고 과학이 아닐 것이다) 진리를 동시에 입증
한다.

　그럼에도 불구하고 우리는 **인식**과 **과학** 사이의 혼동을 피할
것이고 혹은 전자를 후자에 국한시켜 버리는 것을 금할 것이
다. 너는 네 주소 · 생일 · 이웃들 · 친구들 · 취미와 어떤 과학
도 너에게 가르쳐 줄 수도 보장해 줄 수도 없는 수만 가지 것들

을 알고 있다. 인식은 이미 지식이고, 경험은 모호하지만(이것은 스피노자가 첫 유(類)의 인식이라 불렀던 것이다) 지식이다. 그것이 없다면 모든 과학이 불가능할 것이다. 그러므로 '과학적인 진리,' 그것은 동어반복이 아니다. 즉 과학적이지 않은 진리가 존재하고, 또 진리가 아닌 것들이 어느 날에는 밝혀질 과학적인 진리가 엄연히 존재하고 있다.

예를 들면 네가 법정에서 증언을 해야 한다고 가정해 보라. 사람들이 너에게 이런저런 점을 과학적으로 증명해 보이라고 요구하지는 않겠지만 단지 네가 믿거나 혹은 네가 알고 있는 것을 말하도록 할 것이다. 네가 네 자신을 속일 수 있는가? 물론. 그러므로 다양한 증언들이 바람직하다. 그러나 이런 다양성조차 가능한 진리를 전제하는 것에만 의미가 있고, 달리 정의는 존재하지 않을지도 모른다. 만약 우리가 진리에 다가서는 어떤 방법도 없다면 혹은 진리가 존재하지 않는다면, 유죄와 무죄 사이에 어떤 차이가 있단 말인가? 증언과 중상모략 사이에는? 정의와 법적인 과실 사이에는? 왜 우리는 나치의 독가스실의 존재를 부인하는 사람이나 반계몽주의자들이나, 거짓말쟁이에 맞서 싸우는가?

주요한 것은 여기에서 회의주의자와 궤변론자를 혼동하지 않는 것이다. 몽테뉴나 흄처럼 회의주의자가 되는 것은 확실한 것은 아무것도 없다고 생각하는 것이고, 그 점에 관한 한 충분한 이유가 있다. 우리는 우리가 의심할 수 없는 확신을 추구한다. 그렇지만 무엇이 무능함을 입증하는가? 매우 오랫동안 인간은 지구가 부동이라는 데 확신을 가졌었다. 즉 지구가 적어도 움직이지 않는다고 믿었다. 확신, 그것은 증명된 인식일 터이다. 그렇지만 우리의 논증은 우리의 이성이 그러하다는 조건에서만 신뢰할 수 있다. 실제로 이성에 의해서만 그것을 증명힐 수 있기에. 그런데 어떻게 그걸 입증하는가? 몽테뉴는 "우리가 대상으로부터 받아들이는 가상을 판단하기 위해서는 적절한 도구가 우리에게 필요할 것이다. 이런 도구를 입증하기 위해서는 증명이 필요하고, 증명을 위해서는 도구가 필요하다. 자 바로 우리 앞에 도르래가 있지 않은가"라고 썼다. 인식의 순환은 절대를 인정하기를 금한다. 거기에서 벗어나는 것은 어떤가? 이성이나 경험으로서만 가능할지도. 그러나 어느것도 불가능하다. 즉 경험은 감각에 좌우되고, 이성은 이성 자체에 달린 문제이기 때문이다. 몽테뉴는 계속해서 이르길 "감각은 그 자체가 불확신으로 가득 차, 우리의 논쟁을 멈출 수가 없기에, 그것은 이성이어야 한다. 그리고 어떤 이성도 또 다른 이성 없이는 확립되지 않을 것이다. 그러므로 우리가 무한으로까지 물러나야 하는 것이다." 무한으로의 순환과 후퇴 사이에 선택이 있을 뿐이다. 선택이 없다고 해도 과언이 아니다. 그러므로 인식을 가능하게 만드는 그것(감각·이성·판단)조차 확신으로 여기는 것을 금한다.

쥘 르퀴에의 다음과 같은 멋진 표현이 있다. "진상을 파악한 가장 단호한 믿음을 가질 때 사람들이 알고 있는 것을 믿는 것이 아니라 사람들이 믿는 바를 알게 되어 있다." 흄과 관용에

영광을!

몽테뉴의 말에 대한 마르셀 콩슈의 멋진 표현이 있다. 우리는 아마도 당위의 확신(절대적으로 정당화되거나 증명된 확신)으로 보이는 수많은 확신을 갖고 있다. 그러나 **"당위의 확신이 있다는 확신이 실제 확신은 결코 아니다."** 엄밀하게 가장 확고한 확신은 아무것도 입증하지 않는다고 결론지어야만 한다. 즉 **절대적으로** 확실한 증거는 없다.

그렇다면 사고를 단념해야 하는가? 결코 아니다. 파스칼은 지적하길 "진실한 증명이 있을지도 모른다. 그러나 그것은 확실하지 않다." 실제로 그것은 입증되지 않는다——모든 증명이 그것을 전제하므로. "가장 적절한 증명이 있다"는 증명 불가능한 명제이다. **"수학은 참이다"** 역시 수학적인 입증이 불가능하다. **"실험과학은 참이다"**는 실험적인 검증이 불가능한 명제이다. 그러나 이것이 수학·물리학 혹은 생물학하는 것을 막을 수는 없으며, 증명이나 경험이 견해보다 더 그리고 훌륭한 가치가 있다고 생각하는 것도 막을 수는 없다. 모든 것이 불확실하다는 것, 그것이 진리의 탐구를 그만둘 이유는 못된다. 실제로 모든 것이 불확실하다는 것 역시 확실하지 않기 때문이라고 파스칼은 여전히 주지시키고 있다. 그리고 그런 사실이 그들에게 입증하기를 금하면서 회의주의자들이 옳다고 인정하는 것이다. 피론의 회의주의자와 몽테뉴에게 영광을. 회의주의는 합리주의의 반대가 아니다. 그것은 엄밀하게 이성이 제 명백한 확신을 끝까지 의심할 때까지 밀고 나간 명철한 합리주의이다.

실제로 무엇이 허상을 입증하겠는가?

궤변술은 또 다른 문제이다. 즉 아무것도 확실하지 않다고 생각하는 것이 아니라 아무것도 참이 아니라고 생각하는 것이다. 몽테뉴도 흄도 그런 사실을 결코 쓴 바는 없다. 그들이 그것을 믿었다면 어떻게 그들이 철학을 할 수 있었으며 왜 그들이 철학을 했겠는가? 회의주의는 독단주의와 상반된다. 궤변술은 합리주의의 반대이고, 게다가 철학의 반대이다. 만약 어느것도 진실이 아니라면 우리의 이성에서 무엇이 남아 있을까? 어떻게 우리가 토론하고 논쟁하며 인식할 수가 있겠는가? "저마다 제 진리가?" 만약 그것이 진실이라면 실제로 보편적이라는 조건에서만 가치 타당하므로 더 이상의 진리는 없을 것이다. 예로 네가 이 작은 책을 지금 읽고 있는 것을 너와 다른 어느 누구도 모를 것이다. 그럼에도 그것은 보편적인 진실이다. 즉 어떤 시대에도 지구의 어떤 지점에도 무지나 거짓을 보여주지 않고는 어느 누구도 그것을 부정할 수는 없다. 그래서 알랭처럼 "보편적인 것은 사고의 장이다"는 말은 적어도 법적으로 진실 앞에서는 우리 모두를 평등하게 만든다. 진리는 어느 누구에게도 속하지 않는다. 그래서 진리는 법적으로 누구에게나 모두 속하는 것이다. 진리는 복종하지 않는다. 그래서 진리는 자유롭다.

궤변론자들이 틀렸다는 것은 물론 입증(모든 증명이 적어도 진리의 이념을 전제하므로)할 수는 없다. 그렇지만 그들이 옳다는 것은 우리가 일관된 방식으로 사고할 수조차 없다는 말이다. 진리가 존재하지 않는다면 진실이 없다는 말은 참이 아닐 것이다. 니체가 원했던 것처럼 만약 모든 것이 거짓이라면 모든 것이 거짓이라는 말도 거짓일 터이다. 그 점에서 궤변술은 모순(회의론자는 그렇지 않다)되고 스스로 철학처럼 자멸한다. 소피스트들은 결코 그것에 몰두하지 않는다. 무엇이 그들에게 모순인가? 철학으로부터 그들은 무엇을 해야 하는가? 그러므로 소크라테스 이래로 철학자들은 그 문제에 전념한다. 그런 이유로 그들이 진리에 대한 사랑이고 이성 자체인 그들의 이성을 갖는다. 만약 아무것도 참이 아니라면 사람들은 아무거나 생각할 수 있고, 그것이 소피스트들에게는 너무나 쉬울 일이다. 그렇지만 사람들이 아무것도 생각할 수 없을 때 그것이 철학으로서는 치명적인 것이다.

참인 것처럼 보이는 것과 다른 것에 따르거나 진리를 그 자체(예를 들면 힘·관심·욕망·이데올로기……)와 다른 것에 종속시키는 모든 사고를 궤변술이라 나는 부르겠다. 인식이 실제 분야에서 진실한 것처럼 이론적인 배열에서도 궤변 논리로부터 우리를 분리시키는 것이다. 만약 어느것도 진실도 거짓도 아니라면 그것은 인식과 무지, 진실과 거짓 사이에 어떤 차이도 없기 때문이다. 과학도, 도덕이나 민주주의도 살아남지 못할 것이다. 모든 것이 거짓이라면 모든 것이 허용된다. 그러므로 경험이나 증명을 위조할 수도(어떤 것도 유효하지 않으므로), 맹신을 과학과 동일한 측면에 놓을 수도(어떤 진실도 그것을 구분하지 않으므로), 무죄를 유죄 판결 내릴 수도(진실과 거짓 증언 사이에 타당한 어떤 차이도 없으므로), 가장 잘 정립된 역사적 진리를 부정할 수도(이것들 역시 그 나머지만큼 거짓이므로), 죄인을 방면하게 할 수도(그들이 유죄임이 사실이 아니므로), 스스로에게 죄인이라고 할 수도(사람들이 죄인이라는 것조차 진실이 아니므로), 그것이 어떤 표든지 모든 유효성을 인정하지 않을 수도(사람들이 **실제로** 그 결과를 안다고 하더라도 단 한 표가 유효하므로) 있다. 어느 누가 거기에서 위험성을 알아보는가? 아무거나 생각할 수 있다면 뭐든 아무거나 할 수도 있다. 허무주의가 무지에 이르듯 궤변술은 허무주의에로 이른다.

그것은 지식에 정신적이고 문명을 전파하는 제 역량을 부여하는 것이다. "계몽주의란 무엇인가"라고 칸트는 묻고 있다. 제 유년기를 벗어난 인간의 탈피라고 그는 답변하고, 바로 인식에 의해 거기에서 벗어난다고 했다. "Sapere aude!, 즉 너 자신의 이성을 스스로 사용할 용기를 가져라. 바로 이것이 계몽주의의 경구이다." 결코 교훈적(인식은 판단이 아니고 판단은 인식이 아니다)이지 않은 모든 인식이 그럼에도 도덕적 교훈이다. 왜냐하면 어떤 도덕도 인식 없이는 그것과 대적하기 불가능하기 때문이다.

그러므로 플라톤의 말처럼 '온 마음을 다하여' 진리를 찾아야 한다——더더구나 그 마음이 이런 탐색과 다른 것이 아니므로.

그래서 또한 결코 좀처럼 탐색을 멈추지 않을 것이다. 사람들이 아무것도 모르기 때문이 아니고, 결코 그것이 있음직한 것이 아니라, 모든 것을 알지 못하기 때문이다. 위대한 아리스토텔레스는 제 자신의 척도에 대한 관례적인 의미로 그래야만 한다는 듯이 말했다. "진리의 탐구는 어렵고도 쉽다. 그러므로 어느 누구도 결코 거기에 완전히 도달할 수도, 전적으로 실패하지도 않는다."

항상 그것이 우리를 배우게 하고, 소피스트들(진실이 존재하지 않거나 그것에 전적으로 도달할 수 없다고 주장하는)처럼 독단론자(절대적 진실을 가진다고 주장하는)를 비난하는 이유이다.

절대적인 무지와 앎 사이에는 인식을 위한 그리고 인식의 진보를 위한 여지가 있다. 모두에게 즐거운 여행이 되기를!

# 6

# 자 유

"자신에게 부과된 법의 준수는 자유이다."

루소

    자유롭다는 것, 그것은 원하는 바를 한다는 것이다. 그렇지만 그것은 다른 여러 가지 의미로 통용되기도 한다.

    우선 **행위**의 자유, 즉 그것은 행동의 자유이고 제약, 난관, 속박에 상반되는 것이다. 홉스가 쓰기를 자유란 "어떤 운동을 방해하는 모든 저항의 부재와 다르지 않은 것이다. 그러므로 꽃병에 든 물은 쏟아지는 것을 꽃병이 막기 때문에 자유롭지 못하고, 병이 부서지면 물은 제 자유를 찾게 된다. 그리고 사람들은 자신에게 부여된 공간에 따라 더 많은 자유나 그렇지 못한 자유를 향유하게 된다." 그런 의미에서 어느것도, 어떤 사람도 나에게 그걸 막지 못할 때 나는 행동에서 자유롭다. 이런 자유는 결코 절대적(늘 장애는 존재하므로)이지도 않거니와 드물게 전무한 것이다. 죄수조차 제 감방 안에서는 보통 앉거나 일어서거나 말을 하거나 침묵하거나 탈옥을 준비하거나 간수들의 비위를 맞추거나 할 수가 있다…… 어떤 국가 체제에서 어떤 시민도 그가 원하는 모든 것을 할 수는 없다. 그러므로 단지 자신의 위험과 위기에서 벗어날 수 있게 하는 만큼의 타인과 법률이라는 제약들도 공존하게 된다. 바로 이런 자유를 지칭하기 위해서 종종 **정치적 의미**에서의 자유에 대해 언급하는 것이다. 국가가 그 자유를 제한하는 첫번째 힘이고 물론 그 자유를 보장해 줄 수 있는 유일한 것이기도 하다. 전체주의 국가에서보다 자유민주주의 국가에서 그 자유는 더 클 것이다. 그리고 자연 상태보다 법치 국가에서 더 큰 법인데, 그 이유는 법만이 반대하는 것보다, 힘을 기르는 것보다(상호적으로 한계를 지킴으로써), 자멸하는 것보다 함께 살아가는 모두의 자유를 허용하기 때문이다. 로크가 이르길 "법이 존재하지 않는 그곳에 더 이상의 자유도 없다. 실제로 자유는 타인의 방해와 폭력으로부터 벗어난 것이기 때문에 결코 법이 없는 곳에서는 존재할 수 없을 것이다." 국가가 너의 자유를 제한하는가? 물론. 그렇지만 타인의 자유 역시 제한되고, 그것만이 너의 자유도 정당하게 존재할 수 있도록 해주는 것이다. 법 없이는 폭력과 두려움만이 존재할 것이다. 항상 두려워하거나 위협받는 개인보다 덜 억압하는 것이 무엇인가?

자유롭게 되는 것, 그것은 원하는 바를 **행하**는 것이다. 즉 행동의 자유, 정치적 의미의 자유, 물리적이고 상대적인 자유이다. 그것은 홉스식의 자유이고, 로크·볼테르("자유는 단지 행동의 잠재력이다")의 자유이고, 아마도 실제로 그것에 대해서는 반론을 제기할 수 없는 유일한 자유이다.


　그렇지만 사람들이 원하는 바를 **원하는** 데 있어 역시 자유로운가? 이것은 자유란 단어에 대한 두번째 의미이다. 즉 의지에 대한, 형이상학적 의미의 자유이다. 혹자가 주장하는 절대적인 자유이고, 게다가 초자연적 자유이다. 철학적으로는 가장 문제의 소지가 많고 가장 흥미로운 의미의 자유이다.

　한 예를 채택해 보자. 이런 이름을 받아 마땅한 민주주의 선거의 경우 너는 이런저런 후보자에게 표를 던질 자유가 있다. 기표소에서의 비밀이 지켜지는 한, 네 행동은 절대적(여전히 출마한 후보자 리스트에 따라야 하므로)인 것은 아니더라도 전적으로 자유이다. 그러므로 네가 원하는 후보를 위하여 실제로 투표할 수 있는 것이다. 정치적 자유, 즉 그것은 행동의 자유이다.

　그렇지만 이런저런 후보에게 투표하기를 **원하는** 것에서도 자유로운가? 만약 네가 좌파라면 우파를 지지하는 데 자유로운가? 우파인데도 좌파를 자유롭게 선호할 수 있는가? 네가 어떤 정당에도 소속되어 있지 않은데도 그 중 하나를 자유롭게 선택할 수 있는가? 너의 견해·욕망·두려움·희망을 자유로이 선택할 수 있는가? 이것은 타인의 견해·욕망·두려움·희망을 고려한다면 있을 법한데——더 이상 그 중의 하나가 아닌 순수하게 임의적으로 선택하는 경우를 제외하고——어떻게? **무작위**로 투표하는 것은 자유롭게 투표하는 것이 될 수 없다. 그렇지만 **원하는 누구를 위해** 투표를 하는 것이, 그것을 결정하는 제 의지나 원인(사회적 · 정신적 · 이데올로기적……)에 매인 것은 아닌가? 사람들은 자신의 견해대로 선택한다. 그렇지만 자신의 견해를 누가 선택하는가?

스피노자는 쓰기를 "인간은 스스로 자유롭다고 믿는다. 왜냐하면 사람들은 자신의 의욕과 충동을 의식하기는 하지만 충동이나 의식에 사로잡히게 하는 원인은 모르기 때문에, 그리고 그들은 꿈에서조차 그것에 관해서는 생각하지 않기 때문이다." 너는 네가 원하는 것을 하는가? 물론. 그렇지만 무엇 때문에 그것을 원하는가? 네 의지가 실재에 속한다. 즉 나머지 모든 것처럼 네 의지도 충분 이유 원칙(어느것도 이유 없이 존재하지 않는다. 그러므로 모든 것이 설명이 가능하다)과, 인과 원칙(어느것도 무에서 생기지 않는다. 즉 모든 것은 원인이 있다)에, 마지막으로 거시적인 존재들의 보편적인 결정론에 따른다. 거시적인 층위에서 궁극적인 비결정론(에피쿠로스학파들이 생각한 것처럼 그리고 양자물리학이 오늘날 그것을 확신하는 것처럼)이 존재할지라도 너는 신경생물학적인 층위에서는 그래도 너를 구성하는 원자로 결정된 존재일 뿐이다. 만약 원자들의 운동이 불확실하다고 하더라도 이것들이 네 의지에 따른 것은 아닐 것이다. 오히려 네 의지가 바로 원자의 운동에 좌우되는 것이다. 우연은 자유롭지 않다. 어떻게 불확실한 의지가 자유로울 수 있겠는가?

투표소에 대해 훨씬 더 불가해한 비밀이 있다. 그러니까 그것은 어느 누구도 너 자신도 침투하지 않는 네 두뇌에 대한 불가사의이다. 봉투 속에 어떤 보고서를 넣을 것인가? 선택권은 있는가? 물론. 그렇지만 너에게 선택하도록 만드는 신경 체계에 대해서 너는 무엇을 아는가?

결국 네가 자유롭게 할 수 있다고 전제하는 이 선택조차 여전히 지금 이대로의 너에 따르는 것이다. 수많은 타인들이 투표를 달리 선택할 것이다. 그런데 언제 너는 다른 사람도 아닌 네가 되기를 선택했는가?

그것은 아마도 가장 어려운 문제일 것이다. 만약 선택하는 주체('나')를 내가 선택하지 못한다면 내가 하는 모든 선택은 지금 이대로의 내가 선택하지 않은 결정된 것이고, 그러므로 절대로 자유를 모를 것이다. 그렇지만 내가 어떻게 지금 이대로의 나를 선택할 수 있겠는가? 모든 선택이 주체에 달려 있는데, 그리고 그것이 무엇이든 이미 누군가이거나 무엇이 된다는 조건에서만 내가 선택할 수 있는데.

이것은 《운명론자 자크》에서의 디드로의 두 물음에 연결된다. 즉 "나는 내가 아닐 수 있는가? 그리고 내가 나 아닌 다른 것을 원할 수 있는가?" 그렇지만 자아가 감옥인데 내가 어떻게 자유로울 수 있는가?

의지에 대한 자유가 없다거나 그것이 단지 순수한 환상일 뿐이라고 너무 서둘러서 결론짓지는 말자. 자유롭게 산다는 것, 그것은 원하는 바를 행하는 것이라고 내가 말했지만, 의지에 대해 자유로운 것은 **원하는 바를 원하는** 것이다. 이런 자유가 결코 없지 않을 거라고 나는 장담한다. 실제로 사람들이 어떻게 원하는 바를 원하지 않을 수 있거나 다른 것을 원할 수 있는가?

존재하지 않기는커녕 오히려 그런 의미로 의지에 대한 자유는 일종의 동어반복이 될지도 모른다. 그러므로 스토아학파들의 말처럼 모든 의지는 자유롭거나, 그런 점에서 세 단어 '자유 · 자율 · 자발"(데카르트가 말한 것처럼 실현중인 행위)은 동의어이다. 그 존재에 이의를 제기한 학자가 거의 없는 이런 자유를 **의지의 자발성**이라 부를 수 있는 것이다. 에피쿠로스와 에픽테토스 의미에서의 자유이지만 또한 본래 아리스토텔레스 · 라이프니츠 · 베르그송 의미의 자유이기도 하다. 그것은 의지의 자유인데, 보다 더 정확히 말해 나(이 자아조차 결정된)에게만 달린 의지로서 의지 그 자체이다. 그러므로 내가 원하는 바를 원하는 데 자유롭고, 그래서 나는 실제로 자유롭다.

내 두뇌가 나에게 명령하는가? 예를 들자면. 그렇지만 내가 내 두뇌**라면** 그것은 내 스스로에게 내가 명령하는 것이다. 지금 이대로인 내가 결정하는 것, 그것은 내 자유가 존재하지 않음이 아니라 절대적인 것이 아님을 입증한다. 그러므로 자유는 그런 의미로 제 자신을 스스로 결정하는 결정력과 다른 바가 아니다. 현대 신경생물학자들의 말처럼 두뇌는 '열린 자기-조직적 체계'이다. 내가 그 체계에 따른다는 말이 훨씬 그럴듯하다. 그렇지만 있는 그대로(다른 것이 아니라)에 따르는 것이 자율의 정의 자체이기도 하다! 의지가 순종적이지도 불안정한 것도 아님을 지적하기 위해 **결정된** 의지에 대해 말하는 것은 옳다. 그것은 자유의 상반된 것이 아니다. 즉 그것은 실행중인 자유이다.

게다가 그것이 비물질적인 영혼이나 두뇌에 관계되건 여기에서는 상관없다. 두 경우에 자유롭게 된다는 것은, 사람들이 존재하는 바에 항상 종속된다는 것과 원칙적으로 그것에만 좌우된다는 말이다. "우리의 행위가 우리의 개성 전체에서 흘러나오고, 그 행위가 개성을 표현하고, 그 행위가 개성과 함께 작품과 예술가에게만 보여지는 것같이 말로 표현하기 어려운 유사성을 갖게 되는 경우에 우리는 자유롭다"고 베르그송은 썼다. 그리고 실제로 라파엘로가 자신이나 미켈란젤로가 되는 선택권을 물론 갖고 있지는 않지만, 그것이 그가 자유롭게 그림을 그리는 것을 방해하기는커녕 오히려 그 반대이다. 어떻게 무가 자유로울 수 있겠는가? 어떻게 한 비개성적인 존재가 선택할 수 있겠는가? "우리 성격의 전능한 영향력에 굴종하고 말았다고 사람들은 주장할 것이다." 그리고 베르그송은 이런 반박이 아무 소용없음을 지적하기 위해 즉시 그의 말을 이어가고 있다. "우리의 성격도 우리 자신이다." 그리고 자신에 의해 영향을 받는(어떻게 안 그럴 수가 있겠는가?) 것, 그것이 바로 자유롭게 되는 것이다. 베르그송은 한마디로 일축하길 "자아로부터, 오직 자아로부터 흘러나오는 모든 행위를 자유스럽다고 부를 수 있다면, 우리 개인의 특징을 부각시키는 행위로 참으로 자유스럽다고 보아야 한다. 왜냐하면 우리의 자아만이 오직 그 특징을 부각시키는 행위의 주인공이라 볼 수 있기 때문이다." 그것이 내가 의지의 자발성이라 부르는 것이다. 결정된 그것이 결정하는 것을 막지 못한다. 그러므로 의지의 자발성은 그것이 결정된 것이기 **때문에** 결정할 수조차 없다. 나는 아무거나 원하지 않는다. 내가 바라는 것을 원하고, 그런 이유로 나는 의지로부터 자유롭다.

좋다. 그렇지만 내가 원하는 것과 **다른 것**을 원하는 데 역시 자유로운가? 내 의지가 선택의 **자발적인** 힘(달리 말하면 지금 이대로의 나를 단지 따르는)이거나, 선택의 **비결정적** 힘(아무것에도 지금 이대로의 나조차에게도 따르지 않는)인가? 그러므로 상대적인 자유(나와 무관하게 남아 있는)이거나 절대적인 자유(그 자아조차 그것에 달려 있다면)인가? 예를 들면 내가 우파 쪽이면 우파를 찍고 싶어하고, 내가 좌파 쪽이면(의지의 자발성은 내가 원하는 이를 선택하는 것이다) 좌파를 찍는 데에만 자유로운가? 혹은 내가 우파나 좌파가 되는 것을 자유롭게 선택하는 아주 특별한 상황을 제외하고, 그것이 전제하는 우파 혹은 좌파에 투표하고자 하는 데서도 역시 자유로운가? 물론 수수께끼(이 자유는 내가 원하는 것과 다른 것을 원할 수 있음을 전제하는 일치 원칙을 위반할 것 같으므로) 같은 이 의지에 대한 두번째 자유는 철학자들이 때로 **무관심의 자유** 또는 종종 **자유 의지**라 부르는 것이다. 마르셀 콩슈는 거기에 완벽한 정의를 제시했다. "자유 의지는 아무것(무)에도 결정되지 않고 자신을 스스로 결정하는 능력이다." 이것은 데카르트 · 칸트 · 사르트르식의 자유이다. 이 자유는 내가 **행하는**(내 실존) 것이 내가 **존재하는**(내 본질) 것에서 결정되지 않고, 반대로 그것을 창조하고 **자유롭게** 선택하는 것을 전제한다. 사르트르가 쓰길 "데카르트가 완벽하게 이해한 자유의 개념은 자유 행위의 근원이 세상의 선행 상태에 내포될 수 없는 절대적으로 새로운 산물이었음을, 그리고 이어 자유와 창조가 다르지 않은 절대적인 자율에 대한 요청을 포함하고 있었다는 점이다." 사르트르가 잘 본 바대로 그런 점에서 "실존이 본질을 앞선다면" 이 자유는 가능하다. 즉 인간이 자유롭다면 여전히 사르트르의 말처럼 그것은 '무엇보다 아무것도 아닌 것'이고 '저절로 형성되는 것'일 뿐이다. 지금 이대로의 내가 아닌 힘과 내가 아닌 것이 될 수 있는 힘의 명백한 역설이다. 그러므로 절대적으로 내 자신을 내가 선택한다는 조건에서만 나는 자유롭다. 《존재와 무》에서 사르트르가 쓰길 "각자는 자신에 대한 절대 선택권이 있다."

자신에 의한 자기 선택이 없는 자유 의지는 불가능하거니와 생각할 수도 없다. 이것은 플라톤이 《국가》의 끝 부분에서 에르 신화(영혼들이 다시 강생할 때 자신의 육신과 삶을 스스로 선택한다)로 설명하고 있는 칸트가 지적인 특성이라 부르던 것이고, 또 다른 문제 제기에서 사르트르가 모든 선택에 앞서고 모든 선택이 달려 있는 근원적 자유라 부른 것이다. 이 자유는 절대적이거나 혹은 그렇지 못하다. 이 자유는 자기 자신을 결정하는 비결정적인 힘이며, 달리 말하면 자신을 스스로 창조하는 자유로운 힘이다. 그런 점에서 이 자유는 혹자가 생각할 신에게만 속하는 고유한 것이거나, 우리가 그럴 능력이 된다면 그런 자유가 우리를 신으로 여기게 만들었다.

그러므로 결론적으로 두 중요한 의미——행동의 자유와 의지의 자유——중 후자는 제 차례로 둘로 더 세분화된다. 즉 의지의 자발성이나 자유 의지로.

그것이 전부인가? 물론 아니다. 실제로 사고 역시 행위이기 때문이다. 원하는 바를 하는 것, 그것은 원하는 바를 또한 **생각**하는 것이 될 수 있다. 이것은 사고에 대한 자유의 문제나 정신에 대한 자유의 문제를 제기한다.

그 문제는 일부 행동의 자유에 대한 문제와 정치적 의미에서의 자유에 대한 문제를 포함하고 있다. 그러므로 사고의 자유(정보 · 표현 · 토론······에 대한 자유를 전제하는 모든 것)가 인간 권리와 민주주의의 요청에 속한다.

그렇지만 그것은 너무 멀리 가버렸다. 예를 들어 수학적 문제를 가정해 보자. 그 문제를 해결하는 데 있어 어떤 의미로 내가 **자유로운가?** 자유 선택의 의미로? 물론 아니다. 그러므로 내가 그것을 이해하지 못할 때 내가 그냥 지나친 것만큼 당연히 논증을 이해할 때도 해답은 나의 주의를 끈다. 그리고 그럼에도 내가 추론할 때 어떤 외부 제약도 나를 억압하지 않는다. 그러므로 내가 원하는 바를 나는 생각한다. 다시 말해 내가 아는(믿는) 것이 진실이다. 이런 앎이 없이 어떤 자유도 실재적일 수가 없을 것이다. 만약 의식이 부분적일지라도 어떤 진실에도 접근하지 않는다면 자신에게 사로잡혀 있게 될 것이다. 그러므로 제 추론들은 많은 추론들 중 하나의 망상이 될 것이고, 모든 사고는 징후가 될 것이다. 이성이 우리를 그것과 구별짓는다. 이성이 우리를 우주로 열어서 우리 자신으로부터 우리를 자유롭게 한다. 알랭은 "정신은 결코 복종하지 않는 것이다. 기하학적 증명은 그것을 입증하는 것으로 충분하다. 실제로 당신들이 그것에 대해 굳게 믿는다면 당신들은 어리석기 때문이다. 정신이 당신을 드러낸다"라고 썼다. 그러므로 어떤 폭군도 진리를 좋아하지 않는다. 어떤 폭군도 그래서 이성을 좋아하지 않는다. 왜냐하면 그것들은 자유롭기에, 그리고 그 자체에만 따르기 때문이다. 물론 사람들이 아무거나 생각할 수 있다는 것은 아니다. 그렇지만 진리에 대한 필연이 자율에 대한 정의 자체이기 때문이다.

유클리드 공간에서 삼각형의 세 각의 합은 얼마인가? 내 몸, 환경, 나라, 의식이 어떻든 그리고 내 자신이 어떠하든 나는 '1백80도'라고 밖에 대답할 수 없다——내가 공식을 알고 이해하는 한. 그렇지만 내가 인식하는 진리, 즉 이성에 따를 때만큼, 달리 말하면 내가 아닌 그러나 나를 관통하고 내가 이해하는 내 안의 이런 필연에 따를 때만큼 결코 자유스러운 것은 아니다.

수많은 다른 예들을 들 수도 있을 것이다. 3 곱하기 7은 얼마인가? 질량과 에너지 사이의 관계는 무엇인가? 누가 앙리 4세를 살해했는가? 지구 주위를 도는 것이 태양인가 지구가 태양주위를 도는 것인가? 답을 모르는 자만이 제 대답의 선택권이 있다. 그리고 그것을 아는 자만이 자유로이 대답할 수 있다.

정신의 자유, 그것은 이성의 자유이다. 그것은 자유로운 선택이 아니다. 그것은 자유로운 필연이다. 그것은 진리의 자유 혹은 자유로운 진리이다. 스피노자·헤겔은 물론 마르크스나 프로이트에 근거한 자유이다. 즉 내포된 필연으로서의 자유 혹은 보다 정확히 말해 이해력으로서의 자유, 필연의 자유이다.

용어의 실제 의미로 자유롭게 된다는 것은 단지 제 자신의 필연에만 따르는 것이라고 스피노자는 설명하고 있다. 그러므로 그런 점에서 이성은 자유롭고 구세주이다.

행동의 자유, 의지의 자발성, 자유 의지, 정신이나 이성의 자유…… 이 네 가지 의미 중에서 각자가 가장 중요하거나 가장 잘 확인된 것처럼 보이는 것, 그것 혹은 그것들을(서로서로를 배제하지 않는다) 선택할 수 있을 것이다. 이 선택은 자유로운 가? 어떤 지식에도 그것이 충분하지 않기에, 모든 대답은 그 자체가 하나의 선택을 전제하고 그것에 달려 있으므로 단호하게 대답할 수는 없다. 자유는 적어도 문제만큼이나 불가사의하다. 그러므로 우리는 결코 그것을 증명할 수도 완전히 이해할 수조차 없을 것이다. 이런 수수께끼가 우리를 구성한다. 그런 점에서 각자 역시 대자적인 존재이다. 만약 내가 존재하는 모습대로 존재하기를 선택한다면 그것은 플라톤이 원했던 바대로 또 다른 삶에서, 칸트의 말처럼 또 다른 세상에서, 혹은 사르트르의 말처럼 적어도 그것보다 그것이 연유한 자의적 의결과 다른 층위에서만 존재할 수 있다. 그렇지만 이 또 다른 삶, 다른 세상, 다른 층위로부터 나는 본래 어떤 인식도 할 수 없다. 그러므로 나는 결코 그것을 증명할 수 없음에도 내가 자유롭다(자유 의지의 의미로)고 항상 생각할 수 있다.

게다가 본질은 거기에 있는 것이 아닐 수 있다. 이 네 가지 의미에서 적어도 세 가지는 부인하기 어렵다. 즉 행동의 자유, 의지의 자발성, 이성에 대한 자율적 필연, 이 세 자유가 우리에게는 단지 상대적(우리는 **어느 정도** 행동 · 의지 · 인식에서 자유롭다)으로만 존재하는 공통점이 있다. 그리고 이것이 충분한 쟁점을 이룬다. 그러므로 문제는 어떻게 내가 절대적으로 자유로운지 하는 것보다 어떻게 네가 더 자유롭게 **될** 수 있는지 이해하는 것이다. 불가사의한 자유 의지는, 하나의 과정이고 목적이며 작업인 **자유화**보다는 덜 중요하다.

사람은 자유롭게 태어난 것이 아니고 자유롭게 변해 가는 것이다. 적어도 그것이 내가 믿는 바이고, 그런 이유로 자유는 결코 절대적이지도 무한하지도 결정적이지도 않은 것이다. 그러므로 사람은 **어느 정도**는 자유롭다. 물론 가장 가능하게 그렇게 되도록 하는 것이다.

그것이 올바른 판단을 내릴 사르트르라 하더라도 최종적으로 나를 비난하기에 충분치는 않을 것이다. 우리가 이미 자유롭든 아니든, 이것은 우리를 니체의 말처럼 각자 우리의 모습대로 변하는 것을 면하게 할 수는 없을 것이다. 비록 사르트르가 원하는 대로 각자가 '자신의 절대적 선택권'이 있다 하더라도 우리가 행동하고 의욕하며 인식하는 것을 면하게 해주지는 않는다.

자유는 단지 모호한 것만 아니다. 그것은 또한 목표이자 이상이다. 그런 불가사의가 완전히 규명될 수는 없다는 사실이 우리를 이해시켜 주는 이상을 막지는 못한다. 목표에 완벽하게 도달할 수 없다는 사실만으로 그것을 지향하는 것도 그것에 가까이 다가가는 것도 막지 못한다.

벗어나는 것을 배우는 것과 관계된다. 그러므로 이런 자유야말로 스피노자에게서 볼 수 있듯이 지혜의 또 다른 이름일 뿐이다.

# 7

# 신

"신 안에서의 믿음은 삶의 의미를 안다는 뜻이다."
루트비히 비트겐슈타인


우리는 신이 존재하는지 아닌지 알지 못한다. 그래서 신을 믿는지 혹은 그렇지 않음에 대한 물음을 제기한다.

"믿음을 허용하기 위해 그 앎을 제한하라"고 칸트는 말했지만 앎은 사실에서 제한된 것이다. 왜냐하면 우리가 결코 모든 것을 알지 못한다는 사실이 자명하기 때문이기도 하지만, 본질은 항상 우리에게서 벗어나기 때문이기도 하다. 우리는 궁극적인 목적으로서 제1원인을 모른다. 왜 아무것도 없는 것보다 무엇인가 존재하는가? 우리는 그것을 알지 못한다. 우리는 결코 그것을 알지 못할 것이다. 무엇을 위해서? 어떤 목적에서? 비록 목표가 있다고 하더라도 그 이상을 알지는 못할 것이다. 그렇지만 무가 무에서 생기지 않는다는 것이 사실이라면 무엇인가의 일개 존재——세상, 우주——는 **항상** 존재했음을 의미하는 것 같다. 그러므로 그 존재는 영속적이고 아마도 창조되지 않은 창조주, 그리고 혹자는 신이라 부르는 자이다.

신은 언제 어느 때나 존재하는 것인가? 그는 시간을 초월하고 만물을 창조한 것처럼 그저 창조주 신이다. 창조 이전에 신은 무엇을 했는가? 그는 아무것도 하지 않았다고 아우구스티누스는 말하지만 사실 **이전**(이 모든 '이전'은 시간을 전제하므로)은 존재하지 않았을 것이다. 그러니까 하루낮(전 태양이 그에게 속하는데 어떤 태양이 날을 측정할 수 있겠는가?)도 하룻밤도 아닌 우리가 살고 살아갈 매일 낮과 밤에 앞서 나타나고 내포한, 어느 누구도 살아 본 적 없을 만큼 셀 수 없는 신의 '영원한 오늘' 만이 존재했었다. 시간 속에 있는 것이 영원한 것이 아니다. 영원 속에 있는 것이야말로 시간이다. 우주 속에 있는 것은 신이 아니다. 신 안에 존재하는 것이 우주이다. 그것을 믿는가? 그것은 최소한의 것일 터이다. 이 절대적으로 필연적인 존재 없이는 아무것도 존재 이유가 없을지 모른다. 어떻게 그가 존재하지 않을 수 있겠는가?

신은 자기 원인과 자기 목적으로서 세상을 초월해 존재한다. 모든 것이 그로부터 도래하고 그 안("그 속에서 우리가 존재·운동·삶을 갖는다")에 존재하며 그를 향해 나아간다. 그는 존재의 **알파요 오메가**이다. 상대적인 어느것도 그것 없이는 존재할 수도 없는 절대 존재——무한한·완벽한·실재의——이다. 왜 아무것도 아닌 것보다 무엇인가가 존재하는가? **신이므로**.

이 물음(아무것도 아닌 것보다 왜 신인가?)을 철회할 수 없다는 그것이야말로 매우 진실한 것이라고 말할지도 모른다. 그렇지만 신은 제 고유한 존재에 대한 물음에 부응하는——자신에 대해, 자신으로 인해, 자신 안에서——그런 존재일 것이다. 철학자들의 말처럼 그는 자기 원인이고 이런 불가사의(어떻게 한 존재가 스스로 자기 원인이 될 수 있는가?)가 신에 대한 정의이다. 스피노자가 쓰기를 "자기 원인이란 그것의 본질이 존재를 포함하는 것, 혹은 그것의 본성이 존재한다고 생각할 수밖에 없는 것이라 이해한다." 이것은 신에 대해서만 유효하다. 그리고 이것이 신 자체이다. 적어도 그것은 철학자들의 신이다. "어떻게 신이 철학 속으로 들어가는가"라고 하이데거는 자문해 본다. 자기 원인으로라고 그는 답변한다. 즉 "근거의 의미로 볼 때 존재자의 존재는 **자기 원인**으로서만 파악될 수 있다. 바로 그것이 신의 형이상학적 관념을 명명하는 것이다." 이 신은 "인간이 그에게 기도할 수도 그를 위해 희생할 수도 없는 것"이라고 하이데거는 덧붙인다. 그렇지만 어떤 기도도 어떤 희생도 그 없이는 철학적으로 생각할 수 없을 것이다. 신이 무엇인가? 절대적으로 필연적(자기 원인)이고 절대적인 창조주(모든 것의 원인)이며 완전히 절대적인(그는 어느것에도 속하지도 않고, 모든 것이 그에게 속한다) 존재이다. 그러므로 존재의 대존재이고 모든 것의 근거이다.

신은 존재하는가? 증거로 그를 정의할 수 없는 한 그는 본래 존재한다.

그것은 전 서양철학——적어도 안셀무스에서부터 헤겔까지

──을 통해 유명한 **존재론적 증명** 안에서는 호소력이 있지만 동시에 신경에 거슬리기도 한 것이다. 신을 어떻게 정의하는 가? 지고의 존재(성 안셀무스에게는 '생각할 수도 없을 만큼 더 위대한 그런 존재')이고 더할나위없이 완벽한 존재(데카르트)이 며 절대적으로 무한한 존재(스피노자 · 헤겔)이다. 그런데 그가 존재하지 않는다면 그는 가장 위대하지도 실제로 무한하지도 않을 것이며 그리고 무엇이 부족할 것이다. 최소한 그것이 그 의 완벽성이라 말할 수 있는 것이다. 그러므로 신은 본래 존재 한다. 그러므로 신을 생각하는 것(최고의, 완벽한, 무한한…… 존 재로 이해하는)은 존재자로서 그를 생각하는 것이다. 데카르트 가 쓰길 "그 존재는 신의 본질과 더 이상 별개가 아니다. 즉 삼 각형의 본질에서부터 그 내각의 합이 2직각이라는 것 혹은 산 의 관념으로부터 계곡이 도출되는 것과 다르지 않다. 그래서 그 결과 존재(어떤 완벽성을 저버린)가 없는 신(더할나위없이 완벽 한 존재)을 생각하는 것이 계곡이 없는 산을 생각하는 것보다는 반감이 적다."이것이 산과 계곡의 존재를 입증하는 것은 아니 라고들 말할 것이다. 산과 계곡은 서로서로가 분리될 수 없음 에도 불구하고 데카르트는 그렇다고 답한다. 신에 대해서도 마 찬가지이다. 그러므로 그의 존재는 제 본질과 분리될 수 없다. 그러므로 그런 점에서 신은 필연적으로 존재한다는 것이다. 신 의 관념은 '자기 안에 존재를 내포한다'고 헤겔은 썼다. 즉 신 은 **본래** 존재하는 유일한 존재이다.

이런 존재론적 증명은 아무것도 입증 못하는 것이 분명하다. 그러니까 우리는 경험을 부인하는 것으로 만족하는, 일명 신자이거나 그것을 입증하기에는 충분하지 않은 얼간이다. 게다가 그것이 무엇이든 어떻게 정의를 입증할 수가 있겠는가? 풍부함을 정의함으로써 풍부하다고 정의할 수밖에…… 실재 1백 프랑이 가능 1백 프랑 그 이상도 아니라고 칸트는 지적했다. 그렇지만 나는 '그것의 단순 관념이나 가능성' 보다는 실재 1백 프랑을 가진 부자이다. 소유한 것으로 총액을 정의하는 것이 충분하지는 않다. 증명하는 것으로 신을 정의하는 것은 충분치 않다. 게다가 어떻게 개념으로 존재를 증명할 수가 있겠는가? 세상이 더 나은 논쟁(더 이상 **선험적인** 것이 아닌 **후험적인**)이 될 것 같고, 그것이 **우주론적 증명**이 의미하는 바이다.

무엇에 관련되는가? 세상 자체에로의 충분 이유 원칙의 적용이다. "충분 이유가 없이는 어떤 사실도 실재하거나 실존할 수 없고, 명제가 참일 수 없다. 달리 이렇게밖에 될 수 없기 때문이다"라고 라이프니츠는 썼다. 존재하는 모든 것이 당연히 적어도 설명될 수 있어야 한다──실제로 우리가 그럴 수 없을지라도. 그런데 세상은 실재하지만 자신(그는 우연한 존재, 즉 존재하지 않을 수도 있다)에 대한 동기를 설명하지 않고 존재한다. 그러므로 제 존재를 해명하기 위해서는 세상도 원인을 상정해야 한다. 그렇지만 이 원인 역시 우연한 것이라면, 원인은 제 차례로 다른 원인으로 그리고 원인──세상──의 전(全) 계열이 설명되지 않는 상태로 남을 정도로 무한히 설명될 수 있어야 될 것이다. 또한 우연의 존재(세상) 전체를 설명하기 위해서는 절대적으로 필연적인 존재(신)를 상정해야 한다. 라이프니츠는 계속해서 말하길 "사물의 제1원인이 필연적 실체 속에 있지 않으면 안 된다. 변화에 관한 세부에서만 그들의 근원에서처럼 단지 본질적으로 존재한다. 그리고 이 실체가 우리가 신이라 부르는 것이다." 달리 말한다면 **세상이니까 신이고, 세상이므로 신이다.**

라이프니츠의 공식(토마스 아퀴나스의 논증이기고 하고 이미 아리스토텔레스의 논쟁이기도 한)처럼 **세상의 우연성**에 대한 이런 증명이 내 견해로는 때로 나를 동요하게 만드는 가장 강하면서 혼란스러운 유일한 논쟁거리이다. 우연성은 사람들이 당황하는 하나의 심연이다. 어떻게 근거도 원인도 이유도 없을 수 있는가?

우주론적 증명은 원인율이 적용될 때나 유효하다. 그런데 이런 분야에서 원리가 무엇이든 어떻게 증명할 수가 있는가? 세상의 우연성으로 신을 입증하고자 하는 것, 그것은 항상 관념(필연적 원인에 대한 관념)에서 존재(신의 존재)로 변하는 것이고, 그런 점에서 이런 우주론적 증명이 실제로 존재론적 증명으로 귀결되는 것이라고 칸트는 지적했다. 왜 우리의 이성은 존재의 규범이 되는 것인가? 어떻게 우리는 제 가치·영향력·신뢰에 대해 절대적으로 확신하는가? 신만이 이것들을 보장해 줄 수 있을 것이다. 그것은 그가 존재하는지 논리적으로 입증하는 것을 금하는 바이다. 즉 우리의 추론에 대한 진실을 보장하기 위해서는 입증할 수 있는 신 자체의 존재를 미리 상정해야만 할 것이기 때문이다. 순환론 속으로 빠짐으로써 단지 심연에서 벗어난다. 그러므로 하나의 논리적 궁지에서 다른 것으로 넘어간다.

특히 이런 우주론적 증명은 최상의 경우에도 필연적인 존재의 실존만을 증명할 것이다. 그렇지만 보통 용어의 의미로서 이런 존재가 신이라고 무엇이 우리에게 보장해 주는가? 그것은 스피노자가 바라던 것처럼 대자연일 수 있다. 다시 말하면 영원한, 무한한 존재이고 물론 어떤 주관성이나 개성이 없는 존재이다. 그러므로 의식·의욕·사랑 없는 존재이고, 어느 누구도 거기에서 신이 그럴듯하다고 보지 않는다. 그가 우리의 말을 듣지 않는데 기도가 무슨 소용인가? 그가 우리에게 아무것도 요구하지 않는데 복종이 무슨 소용인가? 그가 우리를 사랑하지 않는데 그를 사랑하는 것이 무슨 소용인가?

그렇기 때문에 신의 존재에 대한 전통적인 세번째 중요한 증거가 있다. 즉 내가 **물리-목적론적 증명**(그리스어로 **텔로스**는 궁극, 목적이란 뜻이다)이라 부르기를 더 선호하는 **물리-신학적인 증명**이다. 호의적이고 조직적인 지성을 제 근원에 상정하지 않고도 설명할 수 있도록 세상은 너무 질서 정연하고 조화로우며 **목적 지향적**이다. 어떻게 우연이 이렇게 아름다운 세상을 제작할 수 있겠는가? 어떻게 삶의 출현, 믿을 수 없는 제 복잡성, 분명한 제 목적론적 법칙을 설명할 수 있겠는가? 만약 사람들이 어떤 행성의 시계를 발견한다면 어느 누구도 그것이 자연의 유일한 법칙으로만 설명된다는 것을 믿을 수가 없게 될 것이다. 그러므로 각자 거기에서 영리하고 단호한 행동의 결과를 보게 될 것이다. 그런데 살아 있는 가장 작은 존재도 한없이 가장 기교를 부린 시계보다 더 복잡하다. 이것을 설명할 수 없는 우연이 어떻게 저것을 설명할 수 있겠는가?

자연과학자들은 어느 날에는 아마 답변할 것이다. 그렇지만 지금부터는 오랫동안 가장 대중적이었던, 가장 직접적으로 설득력 있는(이미 키케로의 논쟁이었던 이것은 볼테르나 루소의 논쟁이다) 이 논쟁이 오늘날 자명한 제 이치의 상당 부분을 잃어 버렸음을 확인하는 것은 놀라운 일이다. 그것은 조화가 균열——우주 안에서의 우연, 세상 속에서의 두려움으로——이 생기고, 거기에 남아 있는 것이 점점 더 잘 자연 법칙으로, 우연과 필연으로, 종의 변화와 도태로, 모든 것의 내재된 합리성으로…… 이해되기 때문이다. 시계공 없이 시계도 없다고 볼테르와 루소는 말했다. 지진, 폭풍우, 가뭄, 육식 동물, 셀 수 없이 많은 병을 가진 보잘것없는 시계여——그리고 인간이여! 자연은 잔인하고 부당하며 무관심하다. 거기서 어떻게 신의 손길을 느끼겠는가? 그것이 바로 사람들이 전통적으로 악의 문제라 부르는 것들이다. 대부분의 신자들처럼 그것을 **수수께끼**로 만드는 것, 해결할 수 없음을 인정하는 것이다. 물리신학적 증명은 그때부터 제 영향력의 본질에서부터 삭제되었다. 너무도 많은 고통(족히 인간의 존속을 위해 동물들 역시 고통받는다), 너무도 많은 유린, 너무도 많은 부당함. 그래도 삶이 멋진 조직체인가? 물론. 그렇지만 끔찍한 비극과 공포의 축적 또한 존재한다. 수많은 동물의 종이 수많은 다른 것들을 먹여살리는 것은 생물계를 위해, 일종의 균형을 맞추기 위해서이다. 생물체를 위해 얼마나 많은 잔혹성의 대가를 치러야 하나? 가장 알맞은 종이 살아남고 다른 것은 멸종하는 그것이 종을 위한 일종의 도태이다. 자연사는 결코 모범적인 사례는 아니다. 인간사는 더하다. 다윈 이후로 어떤 신이! 아우슈비츠 이후 어떤 신이란 말인가!

존재론적 증명 · 우주론적 증명 · 물리신학적 증명……. 이것들은 신의 존재에 대한 전통적인 세 가지 주요한 '증명'이고, 이번 장에서 결코 떠올리지 않을 수 없었다. 칸트가 충분히 제시한 바대로 그리고 그보다 앞서 그것을 인식했던 파스칼처럼, 그럼에도 이 증명들이 아무것도 증명할 수 없음을 인정할 수밖에 없다. 이것이 신을 믿는 이 두 천재를 막을 수도 없었고, 보다 더 정확히 말하자면 그것은 기존의 모습대로 그늘에게 믿음을 갖게 했다. 지(知)가 아닌 신앙, 정리(定理)가 아닌 은총이나 희망으로. 그들은 신을 믿은 만큼 더욱 그 존재의 증명을 단념한 것이다. 그들의 신앙이 주관적으로 더욱 강렬할수록 객관적으로 증명할 수 없음을 깨닫게 되었다.

이것이 오늘날의 보편적인 규칙이다. 나는 역사적인 것과 다른 이유로 이런 증명들에 관심을 갖는 현대의 철학자도 그것을 믿는 신도들도 결코 알지 못한다. 어떤 증거로? 만약 그랬으면 신앙이 필요하겠는가? 증명할 수 있는 신이 여전히 신일 수 있겠는가?

이것은 이런 증거들을 숙고하는 것도 검토하는 것도 또 다른 것을 만들어 내는 것도 금하지 않는다. 예를 들어 신의 존재에 대해 순수하게 **범신론적**(그리스어로 to pan은 모든 것) 증명을 생각해 볼 수 있을 것이다. 존재하는 모든 것에 대한 총체를 신이라 부르자. 그러므로 그는 새롭게, 당연히(존재하는 모든 것의 총체는 필연적으로 존재한다) 존재한다. 그것이 있는 바의 것도 가치가 있는 것도 우리에게 말하지 않는데 무슨 상관인가? 우주는 적어도 신이 믿을 수 있는 한에서만 수긍할 수 있는 신을 만든다. 그렇지만 이것이 그 경우인가? 내 친구 마르크 베첼이 나에게 말하길 "신은 모든 것에 대한 자의식이다." 아마. 그렇지만 그 모든 것이 의식을 가지고 있음을 무엇이 우리에게 입증할 수 있겠는가?

이 모든 증거들이 과하면서도 너무나 부족한 것을 입증하는 공통점이 있다. 이것들이 필연적인, 절대적인, 영원한, 무한한, 등등의 어떤 것에 대한 존재를 입증하는데도 불구하고 대부분의 종교에서 인정하는 의미로 이 무엇이 **신**이라는 것을 입증하는 데 실패한다. 즉 하나의 존재일 뿐만 아니라 사람으로, 실재가 아닌 주체로, 무엇이 아니라 누군가로——원리가 아닌 아버지로.

또한 자연신교(이신론)의 약점 역시 숭배 없는, 도그마 없는 신앙이다. 한 여성 독자가 나에게 편지를 쓰길 "나는 신을 믿는다. 진정한 신은 단지 인간적인 종교의 신이 아니라 미지의 존재이다……." 우리가 전혀 그를 알지 못하는데 그가 신인지를 어떻게 아는가?

신을 믿는 것, 이것은 적어도 어느 정도는 이성, 계시나 은총으로 단지 가능할 뿐인 그를 안다는 사실을 전제하는 것이다. 그렇지만 이성은 점점 더 무능력을 성토한다. 그러므로 계시와 은총이 남는다. 그러므로 종교가 남는다……. 어떤 종교인가? 철학은 그것을 판별하는 데 어떤 수단도 갖고 있지 않기에 여기서는 중요하지 않다. 철학자들의 신이 우리들 대부분에게는 예언자, 신비주의자, 신자들의 신보다는 덜 중요하다. 데카르트나 라이프니츠보다 파스칼과 키에르케고르가 본질을 더 잘 이야기했다. 신은 사고보다 신앙의 대상이고, 좀더 정확히 말하면 모든 것의 대상이 아니라 주체이고, 만남이나 사랑 안에 전념하는 절대적 주체이다. 파스칼은 불에서 그것을 체험한다고 믿었다. **"아브라함의 하나님, 이삭의 하나님, 야곱의 하나님. 철학자나 학자의 하나님이 아니시다. 확신·느낌·기쁨·평화, 예수 그리스도의 하나님……. 기쁨, 기쁨, 기쁨, 기쁨의 눈물."** 이것은 증거가 되지 못한다. 그렇지만 바로 이런 경험 없이 어떤 증거도 신앙에는 충분하지 않을 것이다.

바로 그 점에 철학이 아마도 멈춰 선 것이다. 우리가 만나는 것을 증명하는 것이 무슨 소용이 있는가? 우리가 만나지 못함을 어떻게 입증하는가? 존재는 하나의 술어가 아니라고 칸트가 말한 것은 그런 점에서 옳다. 그래서 흄이 이미 말한 바대로 우리들은 존재를 입증할 수도 반박할 수도 없다. 존재는 입증되기보다 더 확증적이다. 느껴지는 것이지 입증되는 것이 아니다.

경험이 증거가 된다고 말할 것 같지만 그렇지 않다. 왜냐하면 경험이 여기서는 반복되는 것도, 확인될 수 있는 것도, 측정 가능한 것도, 그리고 절대적으로 소통 가능한 것조차 아니기 때문이다. 거짓과 환상만이 존재하므로 경험은 아무것도 입증하지 못한다. 견해는? 황홀은? 마약이 그것을 가져다줄 수 있을지도 모른다. 마약이 무얼 입증하는가? 신을 보는 자, 그가 신을 본 것인지 환각을 일으킨 것인지 어떻게 아는가? 신을 듣는 자, 그가 신의 목소리를 듣는지 그가 말하게 만든 것인지 어떻게 알 수 있는가? 그의 존재 · 사랑 · 은총을 느끼는 자, 그가 이것들을 느낀 것인지 환상을 품은 것인지 어떻게 아는가? 나는 내가 잘 때조차 내 꿈에 대한 진실보다 제 신앙의 진리에 대해 더 확신을 갖는 신자를 알지 못한다. 확신이라는 것이 순수하게 주관적인 만큼 그것이 아무것도 입증하지 못한다고 충분히 설명했다. 그것이 신앙이라 부르는 것이다. 그것은 '주관적으로만 충분한 믿음'이라고 칸트는 썼고, 그것을 누군가에게 강요할 ──이론적으로나 실제적으로가 아닌── 수 없는 것이다.

달리 말하자면 신은 신비보다는 하나의 개념이다. 물음보다는 사실이고, 내기보다는 경험이고, 희망보다는 사고이다. 그것은 절망에서(그런 것은 칸트의 경우에는 실천 이성의 공리에 대한 기능) 벗어나기 위해 상정해야만 하는 것이고, 신앙만큼 희망도 신학적 덕목이다──왜냐하면 신앙은 대상으로서 신 자체를 갖기에. "절망의 반대는 믿음이다"라고 키에르케고르는 썼다. 그러므로 신은 우리의 희망을 절대적으로 만족시킬 수 있는 유일한 존재이다.

이것이 끝내기 위해 알아야 할 무엇을 새롭게 증명하지는 않는다. 즉 르낭의 말처럼 진리가 비탄에 잠길 수 있을지도 모르기에 희망은 논쟁이 아니다. 그러나 아무런 희망도 갖게 하지 않는 논쟁이 무슨 소용이 있겠는가?

우리는 무엇을 바라는가? 〈아가(雅歌)〉에서처럼 죽음보다, 고통보다, 폭력보다, 모든 것보다 더 강한 사랑 그것만이 진정으로 신이 될 것이다. 즉 전능한 사랑, 구원하는 사랑, 절대적으로 다정한 유일한 신이다——왜냐하면 그는 절대적으로 애정이 깊기에. 그것은 성인과 신비주의자의 신이다. 즉 베르그송이 쓰길 "신은 사랑이다. 그는 사랑의 대상이다. 신비주의의 모든 공헌이 거기에 있다. 신비주의자의 이 이중적인 사랑에 대해 말하는 데 끝이 없을 것이다. 그것의 묘사는 끝이 없다. 왜냐하면 묘사해야 할 것이 불가해한 것이므로. 그렇지만 그 묘사가 분명하게 지적하는 것은 신적 사랑이 신의 무엇이 아닌 신 그 자체이다."

사람들은 이 신이 **진리**(인식의 대상)라기보다 **가치**(욕망의 대상)라는 데 더 반박할 것이다. 물론. 그렇지만 신을 믿는 것, 그것은 이 지고의 가치(사랑)가 또한 지고의 진리(신)임을 믿는 것이다. 이것은 입증되지 않는다. 그것은 반박되지 않는다. 그렇지만 이것은 생각할 수도 희망할 수도 믿을 수도 있는 것이다. 신, 그것이 규범——진리와 선의 결합——을 만들고 이런 권리로 모든 진리의 규범을 이루는 것이 진리이다. 이 최고의 층위에서 바람직하고 이해 가능한 것은 동일하다고 아리스토텔레스는 설명했다. 그리고 그것이 존재한다면 이 **동일성**이 신이다. 그만이 우리를 충만하게 할 수도 우리를 위로할 수도 있다고 어떻게 더 잘 말할 수 있는가? "신만이 우리를 구원할 수 있을 것이다"라고 하이데거는 인정했다. 그러므로 그를 믿거나 혹은 구원을 단념해야 한다.

끝으로 유의할 것은 신이 의미를 갖고 의미를 준다는 것이다. 즉 우선 모든 의미는 신 없이는 엄청난 죽음에 봉착하게 만들고, 한 주체에 대해서만 그리고 절대적 의미로만, 그러므로 절대적 주체에 대해서만 의미가 있기 때문이다. 신은 의미의 의미이고, 그 점에서 부조리나 절망에 상반된다.


그는 존재하는가? 우리는 그것을 알 수 없다. 신은 존재, 진리, 선의 문제에 대한 해답이 될 수 있을 것이고, 이 세 가지 답——혹은 세 위격——은 결국 동일한 것이 될 터이다.

존재는 답하지 않는다. 그것이 우리가 세상이라 부르는 것이다.

진리는 답하지 않는다. 그것이 우리가 사고라 부르는 것이다.

선 역시 답하지 않는다. 그리고 그것이 우리가 희망이라 부르는 것이다.

# 8

# 무신론

"신앙이 구원한다. 그러므로 거짓말한다."

니체

무신론(athéisme)은 독특한 철학 대상이다. 이것은 믿음이기는 하지만 부정적인 믿음이다. 사고이기는 하지만 제 대상의 빔에만 몰두한다.

그것의 어원학에서 가리키는 바는 거대한 신(théos)이란 명사 앞에 결여된 접두어 *a*가 붙은 말이다. 무신론자가 된다는 것, 그것은 **신과 함께하지 않는 삶**이다. 어떤 것도 믿지 않는 것으로 그치기 때문이든 모든 것에 대해 존재하지 않음을 단언하기 때문이든. 현 우리의 신앙처럼 일신론 세계에서는 결과적으로 두 가지 다른 무신론을 구분할 것이다. 즉 신을 믿지 않는 것(부정적 무신론), 혹은 신이 존재하지 않음을 믿는 것(긍정적이며 게다가 행동파적 무신론)이다. 믿음의 부재 혹은 부재 속의 믿음, 신의 부재 혹은 신에 대한 부정.

이 두 가지 무신론 사이에서 사람들은 그럼에도 과도한 차이는 드러내지 않을 것이다. 그것은 흐름이기보다는 두 경향이고 동일한 영역에서의 양극이다. 모든 무신앙자는 보통 이 두 태도 사이에서 자리잡고 주저하며 동요한다……. 그렇다고 해서 무신론자가 아닌 것은 아니다. 사람들은 신을 믿거나 믿지 않거나 한다. 그래서 양자택일에서 두번째 항을 선택한 모든 이들이 무신론자가 된다.

그렇다면 불가지론자는? 그들은 선택을 거부하는 자들이다. 내가 부정적 무신론자라 불렀던 그 부분에 매우 근접하지만 본래 신의 가능성에 더 개방적인 것이 불가지론 본래의 표시이다. 형이상학적 중도주의이거나 종교적인 회의주의처럼 불가지론자는 지지하지 않는 자이다. 단언하지도 않는다. 신자도 비신자도 아니다. 그러므로 그들은 문제를 유보시켜 둔다. 그런 점에서 탁월한 이성을 지녔다. 신이 존재하는지(사람들이 그것을 안다면 그 문제는 더 이상 제기되지 않을 테니) 알지 못하는데 왜 신의 존재에 대해 표명해야만 하는가? 왜 사람들이 모르는 것을 단언하거나 부인하는가? 여기서도 여전히 어원학이 밝혀 준다. 그리스어로 Agnôstos는 미지의 것, 알 수 없는 것이란 말이다. 종교 분야로서 불가지론자는 신이 존재하는지 아닌지를 모르는 자, 그리고 이런 무지에 집착하는 자이다. 어떻게 그러한 그들의 태도를 비난하는가? 겸허함이 그들의 성향인 것 같다. 예를 들어 프로타고라스의 유명한 공식인 "신들에 관해서라면 그들이 존재하는지 아닌지 나는 아무것도 말할 수 없다. 그것을 알기에는 너무 많은 것들이 방해된다. 그러니까 우선 문제의 모호성과, 그다음으로는 인간 삶의 덧없음이 그렇다." 자명하고 상식으로까지 보이는 훌륭한 태도, 그것이 신자와 무신론자들의 과장된 공통 태도를 나타낸다. 즉 양쪽 모두 그들이 알지 못하는 것 그 이상을 말한다.

그렇지만 그 점이 불가지론의 장점이 되기도 약점이 되기도 한다. 불가지론자가 된다면 그것은 단지 신이 존재하는지 아닌지를 모르는 것이고, 우리 모두는 불가지론자가 될 수밖에 없을 것이다——우리들 중 어느 누구도 이 문제에 대해서 지식을 갖고 있지 않기 때문에. 이런 점에서 불가지론은 인간 조건에 대한 소여보다 덜 철학적인 입장일지도 모른다. 너에게 **"신이 존재하지 않음을 안다"**고 말하는 누군가를 만난다면 그것은 무신론자가 아니라 바보이다. 그러니까 그것은 바보가 어떤 지식에 대해 무신론 입장을 취하는 것이다. 또 **"신이 존재함을 안다"**고 하는 누군가를 만난다면 그는 신앙을 가진 바보이다. 진리는 우리가 알지 못하는 것에 역점을 두어야 한다. 믿음과 무신앙은 근거가 없다는 것이 이 둘을 규정한다. 사람들이 안다면 믿거나 믿지 않을 이유가 더 이상 없을 테니까. 불가지론이 비록 논리학자들의 말처럼 더 확장되는 이해력을 잃을지라도 모든 사람이 그것을 부각시킨다면 그것을 내세우는 것이 무슨 소용이 있겠는가?

불가지론이 제 무지에 대한 단순 확신보다 더 앞서갈 때, 이런 표명으로 충분하거나 다른 것보다 더 가치가 있다고 확신함으로써 철학적으로 중요하게 될 뿐이다. 그것은 선택하지 않음을 선택하는 것이다. 무신론이 무엇인지는 충분한 차이로 설명했다. 즉 부정적일 수 있는(신을 믿지 않는) 선택이거나 긍정적인(신이 존재하지 않음을 믿는 것) 선택이지만 항상 입장 표명, 참여, 대답——제 크기와 제 한계로 문제에 집착하고 미봉책으로 남겨둘 경우에 그것이 불가지론이다——을 전제하는 선택이다.

불가지론자는 편들지 않는다. 신을 반대하거나, 보다 정확히 말해서 신의 존재에 반대 입장이라면, 그것은 무신론자이다.

왜 그런가? 근거는 없고, 또 앞서 무신론자는 신자보다도 종종 더 명철했다. 무신론의 역사에서 자칭 화제에 올랐던 '신의 존재에 대한 근거'에 견줄 만한 것은 결코 없다. 비존재를 어떻게 증명하는가? 예를 들어 산타클로스가 존재하지 않는다고 누가 증명할 수 있겠는가? 유령이 없다고 무엇이 입증을 하며, **하물며** 신이 존재하지 않는다고 어떻게 증명하는가? 아무것도 이성을 능가하지 않는다고 우리의 이성이 어떻게 증명할 수 있겠는가? 본래 제 이성의 능력이 미치지 않는 것을 어떻게 논박할 수 있는가? 이런 불가능성은 우리가 어리석게 되거나 사고를 그만두는 것을 입증하지도 않는다. 근거는 없지만 논쟁거리는 된다. 내가 무신론자이므로 그 몇몇을 개괄해 보고자 한다.

우선 아주 간단한 것으로 순수하게 부정적인 것이다. 무신론자가 되는 강한 이유, 그것은 우선 반박에 대한 허술함이다. 물론 '근거'의 허술함이지만 또한 경험에 대한 부족이다. 만약 신이 존재한다면 그것은 보여지거나 느껴져야 할 것이다! 무엇 때문에 신은 그렇게까지 자신을 감추겠는가? 신자들의 대답은 보통 우리의 자유를 수호하기 위해서이다. 만약 신이 온전한 당신의 후광으로 드러난다면 우리는 더 이상 신을 믿거나 안 믿을 자유는 없을 것이다.

이런 답변이 나에게 충분한 것은 아니다. 우리가 신(불쌍한 사람, 어떻게 신 자체의 존재를 의심할 수가 있는가?)보다 혹은 다수의 예언자(몸소 신을 만났다고 간주되는)보다 더 자유롭다는 그런 설명이 철학적으로 신학적으로 생각하기 어려울 듯하다.

다음으로 우리가 신에 대해 인지할 때보다 모를 때 더 자유가 없기 때문이다. 아이들의 자유를 존중하기 위해서 그들의 교육을 우리가 단념해야만 하는가? 모든 교육자는 물론 모든 부모들은 반대 입장을 취한다. 그러므로 젊은이들은 반대로 그들이 그것에 대해 더 잘 아는 만큼 그만큼 더 자유롭게 될 것이다. 무지는 절대로 자유로운 것이 아니다. 그리고 그 어느 때보다 인식이 도움을 준다.

그리고 마지막으로 특히 이 논쟁이 나에게는 오늘날의 주 예수 아버지의 지배적인 이미지와 양립할 수 없게 보이기 때문이다. 내 아이들의 자유를 존중하는 것, 그것은 물론 환영할 일이다. 그렇지만 나를 사랑하거나 혹은 그렇지 않은, 내 말을 따르거나 그렇지 않은, 나를 존중하거나 그렇지 않은 그들의 자유, 이것이 전제하는 것은 적어도 그들이 내가 존재함은 안다는 것이다! 제 자식의 자유를 존중하기 위해 그들과 더불어 살기를, 그들과 동행하기를, 명백히 그들을 아는 데 신경 쓰는 것조차 거부하는 자가 그 얼마나 초라한 아버지의 모습인가! 계시는? 제 자식을 키우는 데 모호하거나 의혹투성이의 말들로서만 그들에게 전해진 수세기 전에 죽은 다른 사람들에게 보내는 말에 어떤 아버지가 만족할 수 있겠는가? 어느 아버지가 제 자식에게 심정에 호소하거나 직접적으로 그들에게 말을 걸기보다는 선별된 제 작품들이나 제 신봉자(어떤 것? 《성경》? 《코란》? 《우파니샤드》?)의 작품을 참조케 하겠는가? 웃기는 아버지. 웃기는 신! 그리고 제 자식이 고통을 겪고 있는데도 여전히 제 모습을 감추고 있는 자보다 더 잔인한 아버지가 어디 있겠는가? 아우슈비츠에서, 르완다에서 제 자식들이 병마와 두려움에 떨고 있는데도 몸을 감추고 있는 이런 아버지는 어떠한가? 파스칼이나 이사야의 **숨은 아버지**는 나쁜 아버지의 모습일 것이다. 어떻게 그를 사랑할 수 있는가? 그를 어떻게 믿을 수가 있는가? 무신론은 더 그럴 법한 가설을 내세운다. 신이 스스로를 보일 수 없다면, 그가 몸을 감춘 것을 이해할 수 없다면 그것은 아마도 그가 그저 존재하지 않기 때문이다.

두번째 논리 역시 부정적이지만, 이번에는 그럴 수 있다면 경험적인 것보다 더 이론적이다. 사고에 있어 신에 대한 주된 힘, 그것은 세상·삶·사고 자체……를 설명하는 것이다. 신이 존재한다면 그가 설명할 수 없는 정의로서 존재하는 이상 이런 설명이 무슨 가치가 있는가? 종교가 가능한 믿음이라는 것을 나는 인정하지 않는다. 종교가 존경할 만한 것이라는 것, 그것은 두말할 필요도 없다. 그러나 나는 사고의 제 내용을 자문해 본다. 종교가 여전히 이해 못하는 어떤 것(신)으로 이해할 수 없는 무엇(우주·삶·사고……의 존재)을 설명해 주는 교리와 다른 것은 무엇인가? 합리적인 관점에서 이런 설명이 무슨 가치가 있는가? 스피노자가 말한 바대로 그것은 '무지의 은신처'이고, 나는 그것이 신에 대해서나 신에게 적용되지 않을까 두렵다. "신, 즉 각자가 영원하고 무한한 본질을 표현하는 속성의 무한함으로 구성된 실체가 필연적으로 존재한다." 그것은 《윤리학》에서 우리가 읽은 바이다. 그렇지만 어떤 신이나 무한 속성의 이런 무한성으로부터 우리가 무엇을 알 수 있는가? 우리와 유사하거나 우리를 관통(연장·사고)하는 것이 아니라면, 신을 창조하는 것이 아니라면 아무것도 없다. 그렇다면 신을 왜 믿어야만 하는가? 그 점에서 프로이트가 옳다. 즉 "무지는 무지이고 무엇을 믿을 어떤 권리도 거기서 유래할 수는 없는 것이다." 보다 정확히 말해 사람들은 믿을 권리는 있지만 이것이 인식을 대신할 수는 없을 것이다. 피론의 회의주의자에게 영광이! 무지는 그것이 신에 관계된 이성이든 무엇이든 어떤 믿음을 증명할 수도 무지를 제거할 수도 없다.

그렇지만 그것이 무엇이든 신(**하물며** 모든 것을 설명할 작정인)으로 설명하려는 것, 그것은 전혀 설명하지 않는 것이고 다른 것으로 무지를 대신하는 것이다. 그래 보았자 무슨 소용이 있으랴?

한 친구는 나에게 "나는 무신론자가 아니다. 그러므로 불가사의한 면이 있다고 믿는다……"고 말했다. 꼴 좋다! 무신론자가 되기 위해서는 그것을 인정하지 말아야 하는가? 모든 것을 안다고 이해한다고 설명한다고 해야만 하는가? 그것은 더 이상 무신론은 아니지만 과학만능주의이고, 무분별하지만 어리석은 것이다. 우주 속 모든 것을 설명할 수 있다고 하더라도, 우리가 그것으로부터 멀리 떨어져 있다 하더라도 우리가 할 수 없는 것, 즉 우주 자체를 계속 설명하게 될 것이다. 그리고 어떤 과학도 충분하지 않는 것을 계속해서 판단하고 행동하고 사랑하며 살아갈 것이다. 무신론자가 되는 것, 그것이 지적이거나 명철하게 되는 것을 면제해 주지는 않는다. 무신론과 과학주의를 구분하는 것은 편협한 무신론이 될 것이다. 과학만능주의는 과학의 종교이다. 그러므로 무신론·유물론·합리주의의 본질은 아니다. 그것들의 도그마적이고 종교적인 화석화이다. 말하자면 그것은 무신론자의 종교이다. 이런 자유 사상은 거의 항상 자유로운 사고의 상반된 쪽이다.

과학이 모든 것을 설명하지 못하고 이성이 모든 것을 설명하지 못하는 것이 명백한 사실이다. 무지·몰이해·불가사의가 존재하고 그것은 항상 그럴 것이다. 그것을 부정하는 과학만능주의자들은 확실히 잘못이다. 그러나 무슨 권리로 신자들이 이런 불가사의를 가로채고 보류하며 특성에 신경 쓰고 싶어하는가? 불확실함이 있다는 것, 그것이 종교가 옳다고 인정하는 것도 틀렸다고 인정하는 것도 아니다! 그것은 종교적이든 합리적이든 모든 독단론이 그르다는 것이다. 그러므로 그들의 교리로 서만 존재하는 종교를 특별히 비난하는 이유이다. 학자는 과학을 숭배할 필요가 없지만, 제 신을 숭배하지 않을 신자가 어디 있겠는가?

무신론자가 되는 것, 그것은 불확실함을 거부하는 것이 아니다. 신앙·복종 행위로 너무도 쉽게 국한시켜 버리거나 청산해 버리는 태도를 거부하는 것이다. 이것이 모든 것을 설명하지 않는다. 설명할 수 없음으로 모든 것을 설명하기를 거부하는 것이다.

반대로 신을 믿는 것은 세상에 불확실함을 보태는 것이 아니라, 이 불확실함에 이름을 붙이고(발음할 수도 없게), 아주 태연하게 권력·가족·결혼·사랑……의 역사로 회복시키는 것이다. 전지전능한 신, 창조주이신 신, 심판자이며 자비로우신 신 ──"**하늘에 계신 우리 아버지**……." 이것이 모든 것, 즉 이해되지 않는 무엇으로 설명한다. 그러므로 그것은 아무것도 설명하지 않는다. 그것은 단지 거의 항상 신인동형론의 측면에서 불확실함을 전도시킬 뿐이다. "**태초에 신께서 하늘과 땅을 창조하시고 자신의 모습대로 인간을 창조하셨다**……."이것이 우리와 닮은 무엇으로 혹은 우리가 닮은 누군가로 우리가 내포된 우주를 설명하는 것이다. "신이 만약 자신의 모습대로 우리를 창조하셨다면 우리는 그에게 잘 되돌려주었다"고 볼테르는 썼다. 심리학적으로 그보다 더 분명한 것이 무엇이 있겠는가? 철학적으로 더 모호한 것이 무엇이 있겠는가? 우주는 《성경》이나 《코란》보다 더 불가사의하다. 어떻게 그런 책으로 이 우주를 설명할 수 있겠는가?

세상의 제일 작은 꽃 한 송이조차 이해할 수 없는 수수께끼이다. 그렇지만 사람들은 왜 이 수수께끼를 신앙 안에서 해결하려고 하는가?

우리에게 주요한 것은 밝혀지지 않는 것이다. 그렇지만 왜 우리는 그 미지의 것이 신이기를 원하는가?

다른 세 논거는 오히려 긍정적이다. 첫번째가 가장 진부하면서도 가장 강력하다. 그것은 악의 논쟁이다. 절대적으로 선하고 전능한 신이 창조했다고 우리가 너무나 쉽게 믿을 수 있기에 세상에는 공포·고통·불의가 너무나 많다.

에피쿠로스나 락탄티우스 이래로 이런 논리적 아포리아가 너무나 잘 알려져 있다. 아니면 신이 악을 물리치고자 하지만 그것을 할 수 없다. 그렇다고 그가 전능하지 않은 것은 아니다. 그것을 할 수 있지만 그것을 원치 않는다. 그래서 그가 완벽하게 선하지는 않다. 그런데 이것도 저것도 아니라면(하물며 어느 쪽도 아니라면, 즉 악을 제거하고 싶지도 할 수도 없다면) 그런데도 여전히 그가 신인가? 라이프니츠 공식처럼 그것은 전 변신론의 문제이다. 즉 "신이 존재한다면 악은 어디서 오는가? 신이 존재하지 않는다면 선은 어디서 오는가?" 그렇지만 악은 무신론에 대항하는 선보다 신앙에 대해 더 강한 반론을 제기한다. 그것이 더 명백하고 무한하며 확고부동하기 때문이다. 아이가 웃는 것은? 그것을 설명하는 데 우리는 신이 필요 없다. 그렇지만 아이가 죽을 때, 아이가 참을 수 없게 고통을 받는다면? 누가 감히 이 아이 앞에서 그의 어머니 앞에서 신의 위대함을, 신의 창조에 대한 경이를 표할 수 있을까? 그런데 얼마나 많은 어린이가 이 세상으로부터 매 순간 참을 수 없는 고통을 받는가?

신자들은 이런 끔찍함에 대해서 종종 그 책임이 인간이라고 반박할 것이다. 물론. 그렇지만 이 모든 것 때문도 자신 때문도 아니다. 자유가 모든 것을 해명해 주지 않는다. 죄악이 모든 것을 설명해 주지도 않는다. 디드로의 재치 있는 농담을 떠올려 보자. "기독교인들의 신은 자신들의 선악과를 너무 중요시한 나머지 제 아이들은 별로 중요하게 여기지 않는 아버지이다." 이것은 유대인들이나 이슬람교도들의 신에 대해서도 적용된다. 사랑과 용서를 상정하는 모든 신에 대해서도 적용된다──신의 모습이 달리 어떻겠는가? 어떤 아버지도 참을 수 없는데 그를 왜 새로이 받아들이는가? 내게 파리의 큰 소아병동에서 몇 시간을 보낼 일이 생겼다. 그때 인간에 대해서는 매우 고귀한 생각을, 그리고 신이 존재한다면 그에 대해서는 가치 이하의 생각이 들게 했다. 마르셀 콩슈는 모든 신비론을 불가능하게 하는 것으로도 충분한 "아이들의 고통은 절대적인 악이다"라고 썼다. 어떤 실수로도 설명할 수도 증명할 수도 없는 잔혹함이 얼마나 많이 존재하는가? 원죄 앞에 얼마나 많은 고통이 존재하는가? 인간의 존재 앞에 얼마나 많은 공포가 존재하는가? 영양을 호랑이에게 넘겨주고 어린이들을 암으로 저버리는 이가 무슨 신인가?

두번째 논거는 더 주관적인데, 나는 그런 식으로 제시하겠다. 나는 보편적인 인간성에 대해, 그리고 신이 우리를 창조할 수 있었다고 상상하기에 내 자신에 대해 특별히 고귀한 생각을 갖고 있지 않다. 이것은 너무나 작은 결과에 대해 너무 큰 원인이 될 것이므로! 여기저기에 너무도 많은 초라함이, 너무도 많은 저속함이, 파스칼의 말처럼 너무도 많은 **비참함**과 너무도 부족한 위대함이라니.

이런 상황에서 이런 논거를 보태는 것이 적당치는 않다. 모든 인간 혐오적인 태도는 부당하다. 즉 그것은 영웅들이 마치 존재하지 않는 것처럼 그리고 용감한 사람들이 존재하지 않는 것처럼 하는 것이고, 악인과 비겁자가 어리석게도 그런 방법으로 옳다고 하는 것이다. 그렇지만 결국 영웅들도 용감한 사람들이 그들의 나약함을 가졌듯이 인간적인 그들의 여린 측면들도 갖고 있다. 이쪽도 저쪽도 모두 존재하기 위해서나 이해할 수 있기 위해 신이 필요치 않다. 용기로도 충분하다. 친절함으로도 충분하다. 인간성으로 족하다. 반대로 수도 없이 많은 증오·폭력·비겁함·어리석음을 입증하는 데 어떤 신이 필요한가? 잔인한 사람이나 비열한 사람은 잊어버리자. 베르그송이 본 바대로 단순히 자기 인식은 인간을 찬탄하기보다는 더 불평하고 멸시하게 만든다. 너무 지나친 이기주의, 허무함, 두려움에 비해서 너무나 부족한 용기와 겸허함이라니. 지나친 이기심,

부족한 사랑. 인간은 너무도 하찮은 창조를 했다. 신이 어떻게 **이것을** 원할 수가 있단 말인가?

종교 속에, 모든 종교(신이 나를 창조했다면 내가 그럴 만한 가치가 있을까?) 속에는 나르시시즘이 있고, 그것이 무신론자가 되는 이유이다. 즉 신을 믿는 것, 그것은 교만의 죄가 될 것이다.

반대로 무신론은 겸손의 형태이다. 실제로 우리의 모습처럼 동물로 시작하고, 우리가 인간으로 **변하는** 부담을 안는 것이다. 이른바 이 **부담**은 자신의 창조를 우리의 척도로 연장하기 위해 신이 우리에게 안겨 준 것이다. 아마도. 그렇지만 그 해답이 나를 만족시키기에는 그 부담이 너무나 막중하고 그 척도는 너무나 편협하다. 우리가 존재하고 있는 이 작은 존재들을 위한 자연이 나에게는 더 그럴듯한 이유처럼 보인다.

실증적인 세번째 논거가 더 많이 놀라게 할 수도 있다. 내가 신을 믿지 않는다면, 그것은 또한 그리고 아마도 특히 그가 존재한다는 것을 내가 더 좋아할 것이기 때문이다. 그것이 파스칼의 내기이다. 그럴지도 모르지만 전도된 것이다. 가장 유리한——생각은 장사도 복권도 아니다——것을 생각하는 것에 관계되기보다는 가장 그럴듯한 것이다. 그런데 신은 내가 보기에 덜 **그럴듯**할수록 더 **바람직**하다. 즉 그런 이유로 우리가 신을 창조하지나 않았는지 자문해 볼 이유가 있다기보다는 더 강한 우리의 욕망에 매우 잘 부합한다.

무엇보다 더 우리가 원하는 것이 무엇인가? 죽지 않는 것, 우리가 잃어버린 귀중한 존재를 되찾는 것, 사랑받는 것……. 우리에게 종교란 무엇인가? 예를 들면 기독교라는 것이 무엇인가? 우리가 죽지 않거나 우리가 부활할 거라는 사실, 우리가 잃어버린 더 귀중한 존재를 결국 되찾는 것, 마침내 지금부터 영원한 사랑으로 우리가 사랑받는 것이다……. 더 이상 무엇을 요구하겠는가? 아무것도. 물론 그리고 그것이 있을 법하지 않는 종교를 만드는 것이다! 그런 습관이 안 된 실재가 어떤 기적으로 우리의 욕망에 그만큼 부합하겠는가? 그것은 신이 존재하지 않음——본래 기적을 가능하게 하는 자일 터이므로——을 증명하는 것이 아니라 신이 진실이 되게 하기 위해 너무 잘난 것은 아닌지, 신을 믿는 것이 실제로 제 욕망을 취하는 것이 아닌지 자문해 보도록 하는 것이다. 요컨대 만약 종교가 프로이트가 이 용어를 부여할 때의 의미로 그저 **환상**이 아니라면, 결코 실수(신이 존재할지도 모른다)는 아니겠지만 '인간 욕망에서 나온 믿음'이다. 이것은 믿음을 반박하는 것이 아니고 그것을 약화시킨다. "프로이트가 쓰길 호의로 가득 찬 신(구세주), 우주와 미래 삶의 정신적 질서인 세상의 창조주 신이 존재했다면 그는 분명히 아주 잘 생겼을 것이다. 그렇지만 이 모든 것이 정확히 우리가 우리 자신에게 바랄 수 있는 것인지는 매우 의문스럽다." 신을 믿는다는 것, 그것은 엄청난 힘으로, 보다 더 정확히 말해 영원히 산타클로스를 믿는 것과 같다. 대리하는 신인 척하는 것은 다른 사람이나 자신의 상실로부터 우리를 위로하는 것, 지금의 우리처럼 우리를 사랑하도록, 충만하도록, 구원하도록 받아들이는…… 진짜 법, 진정한 사랑, 진정한 힘일 것이다. 사람들이 그것을 욕망할 수 있음을 나는 너무나 잘 이해한다. 그렇지만 왜 그것을 믿어야만 하는가? 니체가 말하길 "신앙이 구원하고 그러므로 거짓말한다." 말하자면 믿지 않기에 신앙은 우리에게 너무 많은 도움이 된다.

내가 하는 이 말을 상상해 보도록. "파리에서 룩셈부르크 공원 뒤쪽으로 멋진 전망이 있는 방 6개짜리 아파트를 사려고 한다……. 난 10만 프랑 이상을 지불할 생각은 없다. 그렇지만 난 신뢰하고 그걸 믿는다!" 넌 그럴듯하게 말할 것이다. "그는 환상을 품고 있군. 그는 현실이 자기 뜻대로 될 거라고 보는군……." 분명히 네가 옳을지도(그럼에도 엄밀하게 아무것도 입증할 수는 없다. 내가 미친 판매자에게 운 좋게 떨어질지 누가 알겠는가). 사람들이 너에게 신이 존재한다고 우리가 부활할 거고, 등등을 말할 때 그것이 10만 프랑 이하의 룩셈부르크 공원 뒤쪽 6개짜리 방보다 더 믿을 수 없다는 것을 모르겠는가? 그것이야말로 네가 신에 대해서는 과소평가하고, 부동산에는 과대평가하는 것이다.

무신론자들의 태도가 강하면 강할수록 반대로 그것이 대체로 틀리는 것이 더 나을 것이다. 그것이 옳다는 것을 입증하지는 않지만 많은 다른 이들처럼 스스로 위안하거나 안심하기 위해서만 생각한다는 혐의는 벗게 될 것이므로.


여기서 멈춰야겠다. 단지 몇 가지 가능한 논지를 환기하고자 한다. 힘과 한계를 각자가 평가하기를. 신이 존재한다는 것, 그것은 우리가 이성적으로 배제시킬 수 없는 가능성이다. 그것이 있는 그대로의 무신론으로 만드는 것이다. 즉 지식이 아니라 믿음을, 확신하는 것이 아니라 내기를.

마찬가지로 우리 모두를 관용에 이르게끔 해야 한다. 무신론자와 신자들은 그들이 모르는 것으로만 구별된다. 어떻게 그것이 그들이 아는 것, 즉 삶, 사랑, 고통스럽지만 고귀한 인간에 대한 경험, 제 비참함에도 불구하고 고통스럽고 담대한 인간에 대한 어떤 경험보다 더 많이 고려할 수 있겠는가? 그것은 그들의 신앙이나 그들의 상호간의 무-신앙의 위험을 무릅쓰고 각자 달리 맞서는 자들을 다시 모이게 할, 내가 신이라 부르는 것이다. 사람들이 모르는 것을 위해 서로 맞서는 것은 어리석은 일이다. 그 대신 우리가 알거나 인식하는 것에 대하여 모두 다투는 것이 더 낫다. 인간과 문명에 대한 어떤 생각, 신비(아무것도 아닌 것보다 무엇인가가 있는가?)와 세상을 사는 어떤 방식, 사랑과 동정에 대한 어떤 경험, 양심의 어떤 요청……. 이것은 종교가 아니라 도덕인 인본주의라 부를 수 있는 것이다. 인간에의 신의 그리고 인간에 대한 인본주의에의 신의이다.

이것은 어떤 신도 대신하지 않는다. 이것은 어떤 신도 은폐하지 않는다. 그런데 어떤 종교도 어떤 무신론도 이런 신의 없이는 관대하게 받아들일 수 없을 것이다.

# 9

# 예 술

"예술 속에서 우리가 추구하는 것은 사고와 마찬
가지로 진리이다."

헤겔

예술은 인간의 작품이다. 새집도 새의 지저귐도 벌집도 벌의
춤과 마찬가지로 예술 작품이 아니다. 아름다움이란 두드러지
게 하는 것이 아니다. 어떤 화가가 그린 그의 작품들이 그것에
필적하지도 못하고 모방하는, 자연이 우리에게 제공하는 것보
다 더 아름답다고 주장할 수 있겠는가? 어떤 추상화가가 하늘이
나 태양보다 더 잘 그리겠는가? 어떤 조각가가 삶이나 바람보
다 더 잘 표현하겠는가? 얼마나 많은 음악가가 처음 날아든 밤
꾀꼬리보다 더 우리 마음에 들겠는가?

미는 적어도 예술의 가능 목표의 일부이지만 예술을 정의하
는 데 충분치 않다. 자연 역시 아름답고 그 이상이다. 만약 인간
만이 예술가라면, 그것은 무엇보다도 장인(원숭이도 도구를 제

작할 수 있다)으로서나 심미가(부채처럼 펼친 공작새 앞에서 암컷 역시 일종의 미적 쾌감을 느끼지 않는다고 누가 알겠는가?)로서나, 또는 다른 예증 없이 이 두 능력의 결합에 의해서도 아니다. 예술 작품이 활동의 아름다운 산물만도, 모든 미가 예술 작품을 만들어 내는 것도 아니다. 거기에는 인간 없는 자연은 갖고 있지도 않으며, 어떤 동물도 물론 지각하지 못하는 다른 것이 필요하다. 무엇? 그것은 세상과 자신에 대해 자구하는, 진리나 의미를 추구하는, 물음을 던지고 해석하는, 그럴지도 모르지만 정신인 인간성 자체이다. 말하자면 그것은 인간이 변형시키고 재창조하는 것을 항상 상정하는——자연은 묻지도 대답하지도 않기에——것, 헤겔의 말처럼 그것을 '되찾으려고' 애쓴다는 조건에서, 자연 속에서 스스로 자기를 투사한다는 조건에서만 자연이 인간에게 보이는 것을 다시 나타낼 뿐인 것이다. 예술 없이도 그것은 이루어질 수 있다. 그렇지만 예술이 그것을 더 잘 표현하고 만든다. 정신이 거기에서 유용성·능력·효율성에서나 제 통상적인 목표로 덜 멀어지게 하는 것이다. 세상을 모방하기만을 원할 때조차 예술가는 거기에서 제 스스로 모방중인 다른 모델——왜냐하면 세상은 결코 자신을 모방하지 않기에——은 갖고 있지 않다. 쳐다보는 것으로 충분하다면 회화가 훨씬 더 쉬울지도 모른다. 그러나 회화가 예술인가? 발원중인 작품 자체가 아니고는, 어떤 이념이 아니고는——관념 없이, 견해 없이——음악에서 어떤 모델을 예술가가 신경 쓰는가? 렘브란트나 모차르트를 보라. 그런 아름다움은 세상에서 나오는

것이 아니다. 이런 진리는 세상에서 나오는 것이 아니다. 그것
이 무엇보다 모차르트나 렘브란트에서 나왔기 때문에 단지 세
상에 속하는 것이다. 헤겔은 쓰기를 "자연의 산물은 **존재하는**
데 만족한다." 사물들은 단순하고 단 한 번 존재한다. 그렇지만
의식을 지닌 인간이 둘로 나눈다. 즉 한 번이지만 **자신에 대해**
서이다." 그러므로 예술이 필요하다. 즉 존재하는 것을 외화하
기 위해 그리고 거기에서 '자기 자신의 반영으로서' 되찾기 위
해 예술이 필요하다. 인간이 없는 세상으로 충분하다면 여기에
무엇도 들어가지 않는다.

예술에서 인간은 스스로 응시하면서 자신에 대해 깊이 생각
하고, 물음을 던지면서 자문하고, 인식하면서 자신을 아는 것이
다. 그러나 비록 구현된 것이지만 감각적인 이런 재귀성이 바로
예술 자체이다. 알랭은 "모든 예술은 인간이 몰랐던 자신에 대
해 무엇을 알고 인식하는 ……거울과 같다"고 말했다. 아마. 그
러나 예술에서 인간이 자신만을 보기 때문만은 결코 아니다. 오
히려 그것이 무엇이든——전적으로 거기에 몰두하는 것을 제
외하면——자신의 시선 속에서 즉시 자신을 알아보지 않고는
쳐다볼 수 없기 때문이다. 세상은 인간이 스스로 모색하는 진정
한 거울이다. 예술은 존재하는 세상의 반영일 뿐이다.

그렇다면 자연을 모방해야만 하는가? 그것은 다른 것들 중에
서 한 가지 가능성일 뿐이다. 남아 있는 문제를 조명하기 위한
**미메시스**(모방)에 대한 그리스적인 낡은 문제 제기는 부분적이
고 동시에 환원적이다. 즉 그 문제가 어떤 예술이든 모든 예술

에 대해 적용될 수는 없을 것이다. 모방이 음악에서나 건축에서는 그다지 여지가 없다. 현대 회화와 조각의 대부분이 거기에서 면제된다. 우리에게 그 무엇도 어떤 새로운 것도 마음에 드는 것이나 강렬한 것을 가져다주지 않는데 현실을 모방하는 화가, 소설이나 영화인은 우리에게 무엇을 만들어 내는가? 칸트가 이르길 예술 작품은 아름다운 사물의 재현이 아니라 '사물의 아름다운 재현'이라고 썼다. 반 고흐의 〈구두〉, 샤르댕 〈가오리〉, 고야의 〈검은 회화〉······를 보라. 그것은 필요 없는 아름다움을 모방하는 것이 아니라, 그것이 거기에 있을 때는 부족하거나 알아채지 못하고 넘어갈 것을 창조하고 드러내 보이며 찬양하는 것이다. 그것이 오늘날 우리가 부르는 철학이다. 최소한의 상투적인 표현도 적절히 모방한다. 그러나 예술에서는 얼마나 많이? 그것 자체로 얼마나 가치가 있는가? 모방은 종종 예술의 수단이거나 요청이다. 그러나 그것은 단지 하나의 수단이지 목표는 아니다. 다른 것들 중에서 단지 하나의 요구 사항이고 종종 생기를 불어넣어 주고, 물론 때로는 유익하지만 항상 필요한 것은 아니고 결코 충분하지도 않다. 미를 모방한다? 그것은 우편 엽서의 미학이다. 예술가는 창조한다. 그는 모사하지 않는다.

칸트는 신비로부터 우리를 좀더 가까이 다가서게 만든다. "미술은 천재의 예술이다"라고 그는 썼지만 천재란 무엇인가? "예술에 규칙을 부여하는 천부적인 재능 혹은 소질이라고 칸트는 답변한다." 이런 독창적인 능력이 칸트의 바람대로 생득적이든 후천적──이 능력은 둘 다 그럴듯하다──이든 뭐가 그리 중요한가? 칸트가 인정하는 중요한 것은 바로 이 능력이 '어떤 결정적인 규칙도 부여한다는 것을 알지도 못하는 것'을 만들어 냄으로써 예술에 규칙을 단지 부여하는 것이다. 천재는 사용법을 기스르고 그것을 대신하는 자이다. 그것이 무엇이든(예술과 기술, 천재와 수완을 구별짓는 것) 예술가와 제 계승자들에게 부여하는 항상 암묵적으로 은밀하게 남아 있을지도 모르는 어떤 규칙으로 돌릴 수 없는 것이다. 예술에서 천재는 배워지는 것이 아니라 그가 가르치는 것이다. 모방하는 자가 아니라 사람들이 모방하는 자이다. 말로가 말했다시피 그래서 "박물관에서 사람들은 그림 그리는 법을 배운다." 즉 칭송함으로써 가능성이 있는 스승을 모방함으로써 아마도 그렇게 될 것이다.

그렇기 때문에 독창적이고도 범례적인 천재에 대한 역설이 존재한다. 그것이 무엇인지 어떤 규칙, 모방, 지식으로 제한할 수 없기에 독창적이다. 그러나 또한 독창성이 충분하지 않기에 (칸트가 말했다시피 '부조리 역시 독창적'일 수 있으므로, 그러므로 이것이 우리 시대 예술의 한 부분을 예고한다) 천재는 원형이나 준거를 여전히 대신할 수 있어야 하므로 전형적이다. 그것은 제 작품들이 "모방에 의해 탄생하지 않고 판단 규칙이나 척도를 대신하기 위해 타인의 모방이 촉구될 수 있어야만 한다"고 칸트가 부언한 내용을 전제로 한다. 예술에서는 무엇이든 할 수 있다. 그러나 어떤 것이나 예술은 아니다. 변변찮은 예술가도 있지만 중요한 것은 그들이 아니다. 천재만이 법령을 만든다.

즉 예술은 제 유일한 규칙인 예외 속에서만 실제로 서로 알아볼 뿐이다.

위대한 예술가들은 고독과 보편성을, 주관성과 객관성을, 자생성과 규율을 겸비한 자들이다. 그런 것이 아마도 과학으로서의 기술과 구별짓는 예술의 참된 기적일 것이다. 활을 사용하는 모든 문명에서는 화살 길이의 3분의 2가 균형을 이루도록 화살을 팽팽하게 당긴다. 괄목할 만한 이런 기술적인 일치가 제 지성은 아니지만 그럼에도 관련된 개인들의, 인간에 대해서는 전혀 규정되지 않았다. 즉 이런 공조는 세상 전체와 제 법칙에서 유래한다. 그것은 **창조**가 아닌 **발견**이고, 발명하는 주체는 상관없다. 뤼미에르 형제 없이도 우리가 영화를 가졌으리라는 사실에는 이의가 없다. 그렇지만 고다르 없이 우리는 결코 《네 멋대로 해라》《미치광이 피에로》 같은 영화를 가질 수는 없었을 것이다. 구텐베르크 없이도 우리는 언젠가는 인쇄술을 만들어 냈을 것이다. 그러나 비용 없이는 《교수자들을 위한 발라드》의 한 구절도 가지지 못했을 것이다. 발명가들은 시간을 벌게 해주었다. 예술가들은 시간을 허비하지 않고 시간을 보상하게 해주었다.

이런 사실은 과학에서도 마찬가지로 적용된다. 뉴턴이나 아인슈타인이 태어날 때 죽었다고 상상해 보라. 과학의 역사는 분명히 변화가 있었겠지만 제 내용에서보다 더 제 리듬에서, 제 정향보다 제 지엽 말단 속에서의 변화가 있었을 것이다. 만유인력도 질량과 에너지의 등가성도 그런 이유로 허비한 것은 아니다. 그러므로 어떤 다른 이라도 이후에 그것을 발견했을 것이고, 그런 이유로 실제로 그것은 **창조**가 아니라 **발견**에 관련된다. 그렇지만 셰익스피어가 존재하지 않았다면, 미켈란젤로나 세잔이 존재한 적이 없다면 우리는 결코 그들의 어떤 작품을 가질 수도, 그들을 대신할 수 있는 어떤 것도 가질 수 없었을 것이다. 그것은 리듬, 사람들이나 예술사의 지엽적인 흐름뿐만 아니라 가장 기본적인 내용과도 그리고 어느 정도 제 정향도 상이했을 것이다. 바흐·하이든·베토벤을 음악사에서 삭제해 보자. 그러므로 그들 없이 음악이 장차 어떻게 변화할지 누가 알겠는가? 하이든 없는 모차르트가 무엇을 했을 것이며, 베토벤 없이 슈베르트는? 바흐 없이 모든 음악가는? 그들이 예술을 진보하게 하고 예술을 형성한 천재들이고, 미래를 예측할 수 없는 만큼 사후에도 대신할 수 없는 이들이다.

　말이 났으니 철학에 대해서도 똑같이 말할 수 있음에 주목해 보자. 플라톤·데카르트·칸트·니체 없이 철학은 오늘날 우리가 아는 지금의 모습과는 근본적으로 달랐을——여전히 그럴지도——것이다. 이것은 철학이 과학이 아님을 증명하는 데 충분할 것이다. 그런데도 철학이 예술인가? 그것은 정의의 문제이다. 그렇지만 철학은 몇몇 독특한 천재, 즉 예술에서처럼 독창적이고 범례적인 이가 없이는 존재하지 않거나 완전히 달라졌을 거라는 점에서 적어도 동일한 지경에 처해 있다. 그러므로 그들이야말로 칸트의 말처럼 철학 작품이 우리에게 제공할 수 있고 또 제공해야만 하는 것에 대하여 판단할 수 있는 척도나 규칙을 대신한다. 그럴지도 모르지만 그것은 적어도 가능 진리가 충분한 미를 이성의 예술로 이룰 거라는 말이다.

그렇지만 엄밀한 의미에서의 예술로 되돌아가 보자. 전통적으로 예술은 여섯 분야로 분류하는데, 그것의 변화는 가능(회화 · 조각 · 건축 · 음악 · 무용 · 문학)하다. 오래전부터 '일곱번째 예술'로 영화를 첨가하기도 하는데, 게다가 여덟번째 예술로는 만화를 넣기도 한다. 우선 방금 내가 언급한 이런 주관성으로 천재들은 보편적인 것에 이를 수가 있다. 뤽 페리가 말했다시피 그것은 '우리의 삶과 대신할 수 없는 것'을 표현하는 것이고, 이 모든 예술이 거기에 공헌한다. 그렇지만 이것들을 기대했던 유용성이나 모든 숙달과는 무관하게 우리에게 안겨 주는 기분 좋은 감정과 서로 일치한다. 그것을 즐기는 데 베르메르에 정통할 필요가 있는가? 동요되기 위해? 누가 모차르트에게서 그의 작품을 듣는 기쁨――애절함――과 다른 것을 기대하겠는가? 이 무관심의 쾌감이야말로 틀림없이 모호한 단어인 미라 부를 수 있는 것이다. 미란 예술의 특성이 아니다. 그렇지만 미가 없는 예술이 무슨 가치가 있는가?

칸트가 설명하길 아름답다는 것은 무관심의, 보편적인, 필연적인(모든 사람이 당연히 아름답다고 생각하지 않을 수 없는, 실제로 우리가 그렇다고 판단하는 감정) 만족에 대한 대상으로서의 관념 없이 인식하는 것, 그리고 어떤 목표도 그런 이유로 표상(어떤 외부적인 목표를 전제하지 않을수록 그럼에도 우리에게 더욱 아름답게 보이는, 꽃이나 작품 속에서 우리가 느끼는 합목적성)되지 않고 합목적성의 어떤 형식을 결국 드러내는 것이다. 칸트 철학의 지지자가 아닌 나로서도 특별히 쾌 없는 미란 존재하지 않는다는 점을 받아들이고, 이것이 나에게는 충분한 합목적성을 이룬다. 그것은 푸생의 정신인데, 즉 "예술의 목표는 바로 회열이다." 몰리에르의 진의는 바로 "유일한 규칙은 마음에 드는 것이다." 그저 바로 정신이 사랑해서 기쁜 것이다.

정신이 사랑하거나 정신이 인식하는 것? 둘 모두. 그리고 그것이 예술을 가장 고귀한 것으로 만드는 것이다. 이것은 제 아름다움을 솟아나게 만듦으로써——연상된 대상이 추하거나 평범할지라도——우리가 진실을 사랑하도록 돕는다. 사과 2개, 양파 1개, 오래된 구두 1켤레……. 혹은 몇 가지의 노트, 몇몇 단어들……. 그리고 갑자기 마치 절대 그 자체가 거기에 벽이나 침묵에 매달려 제 광채 속에서, 제 영원성 속에서, 결국 그리고 영원히 드러난 제 진리…… 속에서 빛나듯이 존재하고 있었다. 프루스트는 "진정한 삶은 결국 간파되고 드러난 삶이고, 그러므로 실제로 체험된 삶만이 문학이다"라고 썼다. 이것은 책들이 삶보다 더 가치가 있다거나, 작가가 다른 사람들보다 더 잘 산다는 것을 의미하지는 않는다. 그것은 오히려 그 반대로 프루스트가 말한 바대로, 문학이 모든 예술처럼 '매 순간 예술가들처럼 모든 인간들에게서도' 존재하는 이런 진정한 삶을 살고 깨달을 수 있도록 우리를 도울 수가 있을 거라는 말이다. 그러나 대부분은 주의력이 부족해서, 재능이 없어서 보지 못하는 것을 예술가는 제 특이성 속에서 우리에게 드러내는 것이다. 아름다움은 그걸로 충분하지 않다. 진리는 그것으로 충분하지 않다. 니체에도 불구하고 하물며 추함이나 환상은 아니다. 우리는 아름다움의 진리가 필요하지만 더더욱 그것의 결합·융합·통합이 절실하다. 그러므로 우리는 예술가가 필요하다. 즉 기교나 장식으로 진실을 미화하기 위해서가 아니라 단지 제 본질적인 아름다움을 드러내거나 표명하기 위해, 그것을 우리가 알도록, 그것을 즐기고, 우리가 향유할 수 있도록 가르쳐 주기 위해――멋지게도, 닮게 하는 것도 아니라 거짓말하지 않고 그것을 사랑하는 법을 가르쳐 준다.――모차르트·베르메르를 보라――사랑하게 하는 것, 그리고 그것이 진정한 예술이다.

하이데거는 "예술은 진리를 분출하게 만든다. 존재자의 진리인 창조의 수호로서 작품 속에서 단 한 번의 도약으로 앞서 예술을 생겨나게 만든다"고 썼다. 이런 진리가 항상 개념들, 이론들, 추상 개념들로 만들어진 과학의 진리는 아니다. 예술의 진리는 항상 반대로 구체적이고 실질적이며 제 나름으로 은밀(이 진리가 비록 단어나 소리로 표현되더라도)하다. 그러므로 그것이 그것을 우리가 수용할 수 있는 한 존재의 진리이고, 하이데거가 쓴 '그런 식으로 존재자에 대해 간파하는 존재'이고, 이것은 필연적으로 인간적인 인간의 형상으로 우리를 내포하거나 우리가 존재하는 절대를 이룬다. 심미가들에게는 안 된 일이다. 단지 그렇기만 하다면 장인들에게도 안 된 일이다. 아름다움이 전부가 아니다. 기술이 전부가 아니다. 제작되고 통달하기 전에 예술은 우선 드러나고 정립되거나 혹은 진리의 작품화가 된다. 그런데 인간에게 있어서 언어 없는 어떤 진리란 말인가? 언어 없이 어떤 침묵이란 말인가? 우리가 시를 만나는 곳, 그곳이야말로 모든 예술에서 예술의 정수이고 본질이다. 즉 하이데거의 말처럼 "예술의 정수는 시"이기도 하고 "시의 본질은 진리의 정립"이기 때문이다.

만약 "인간이 시인으로 세상을 산다면," 그것은 이런 창조자들(그리스어로는 poiètai) 덕분에 우리가 세상을 보고 인식하고 찬양하도록──또한 세상과 부딪쳐 변형시키도록──가르쳤고, 비록 불쾌하더라도 세상을 즐기고, 슬프고 잔인하더라도 참고 향유하도록, 요컨대 거기에서 예술이 도래해야 하므로 세상을 사랑하고 용서하도록 가르친다. 그것이 인간과 작품의 유일한 지혜이므로. 바로 미학이 윤리학에 관련되는 지점이다. 비트겐슈타인이 쓴 것처럼 "관념 속에는 실제로 무엇인가가 존재한다. 그것에 따르면 미는 예술의 목표이자 바로 행복하게 만드는 것이다." 그럼에도 불구하고 어떤 미도 어떤 행복도 전혀 그렇지 않다. 진리가 더 의미가 있다. 예술에서는 거짓말하지 않는 미만이 가치가 있다.

나는 바흐나 베토벤이 없는 음악, 미켈란젤로나 렘브란트가 없는 조형예술, 셰익스피어나 위고가 없는 문학……을 상기시킨 바 있다. 그렇지만 이런 대적할 만한 예술가들──모두 보

편적이고 모두 특이한——없이 인간 자체는 존재하는 대로가
아닐 거라고 누가 알겠는가?

그것이 덜 예뻐서, 덜 문명화돼서, 덜 행복해서? 단지 그것
만이 그리고 특히 그것만도 아닐 것이다. 그것이 덜 진실되고
덜 인간적이기 때문일 것이다. 예술은 인간의 작품이고, 인간
은 예술의 작품이다.

# 10

# 시 간

"현재만이 존재한다."

크리시포스

시간이란 무엇인가? 아우구스티누스는 말한다. "만약 누군 가가 나에게 그것을 물어보지 않으면 나는 그것을 안다. 하지 만 누군가가 나에게 그것을 묻고 내가 그것을 설명하려 하면 나는 더 이상 그것을 모른다." 시간은 자명한 것이고 또 수수 께끼 같다. 각자가 시간을 경험한다. 어느 누구도 시산을 잡을 수는 없다. 시간은 끊임없이 흘러가 버린다. 잠시라도 멈춘다면 모든 것이 멈춰 버릴 것이다. 그리고 더 이상의 시간은 없을 것 이고 더 이상 아무것도 존재하지 않을 것이다. 더 이상의 운동 (움직이기 위해서는 시간이 필요하므로)도, 더 이상의 휴식(움직 이지 않고 머물러 있기 위해서는 시간이 필요하므로)도 없을 것 이다. 시간이 없다면 더 이상의 현재도 없을 것이고, 그러므로 더 이상의 **'있음'**(실재)도 없을 것이다. 그렇다면 어떻게 무엇 이 존재할 수 있을까? 칸트는 시간이 모든 현상의 **아프리오리**

한 조건이라고 지적하고 있다. 우리에게는 시간이 모든 것의 조건이라고 해도 과언은 아니다.

게다가 어떻게 시간이 멈출 수가 있으며 모든 시간의 정지를 전제할 수 있을까? "오! 시간이여! 비상을 멈추어라!" 알랭이 논평하길 그것은 시인(괴테)의 소망이고, "시간이 얼마 동안 비상을 멈출 것인지를 묻는다면 그 모순으로 자멸한다." 두 가지 중에 하나는 사실이다. 시간은 단지 **얼마간은** 멈춰서고 또 멈추지 않고 혹은 결국 멈춘다. 더 이상 멈춤이나 끝의 개념 자체는 의미가 없다. 전(前)에 비해서만 멈춤이 있다. 후(後)에 대해서만 결정적이다. 그런데 **전**과 **후**는 시간을 전제한다. 일시적이든 최종적이든. 시간의 멈춤에 대한 생각은 시간 안에서만 생각할 수 있다.

우리에게 시간은 존재와 모든 존재의 지평이다. 영원은? 만약 그것이 시간의 상반된 것이라면 우리는 결코 그것에 대해 알 수도 생각할 수도 경험할 수도 없을 것이다. 디드로는 폐허를 거닐면서 생각했다. "모든 것은 소멸한다. 모든 것이 죽는다. 모든 것이 사라진다. 세상만이 존속한다. 지속되는 것은 시간뿐이다." 시간이 없다면 아무것도 남아 있지도, 없어지지도, 지속되지도, 소멸할 수조차 없을 것이다. 존재한다는 것, 그것은 계속하거나 멈추는 것이므로 시간 속에 있다는 것이다. 그렇지만 머무른다는 조건에서만 지나가고, 흘러간다는 조건에서만 머무른다. 결국 시간 흐름의 경험 속에서만 전념하는, 우리에게서 벗어나는 시간이란 무엇인가?

시간이 없으면 아무것도 존재할 수 없으므로 시간이 존재해야만 한다. 그렇지만 그것이 무엇인가?

우리가 시간이라 부르는 것은 우선 과거·현재·미래의 연속이다. 그렇지만 과거는 더 이상 존재하지 않으므로 없다. 미래 또한 아직 오지 않았기에 없다. 현재의 경우, 순간에서 순간으로 끊임없이 없어지는 한 시간이 존재——영원이 아니라—— 하고 있는 것 같다. 존재하는 것을 멈춤으로써 단지 존재한다고 아우구스티누스는 썼고, 그것을 현재라 부르는 것이다. 과거 속에서 미래의 소멸, 더 이상 존재하지 않는 것에 아직 존재하지 않는 것의 탕진. 그 둘 사이인가? 한쪽에서 다른 한쪽으로의 **이행**이지만 포착할 수 없는, 변덕스런, 지속되지 않는 것이다——정신에 있어서 모든 지속은 존재하지 않는 과거와 미래로 이루어져 있기에. 두 무(과거·미래) 사이의 소멸(현재)이고, 두 부재 사이의 도주이며, 두 암흑 사이의 한 줄기 빛이다. 그것이 어떻게 세상을 이룰 것인가? 어떻게 이것이 지속 시간을 만들 것인가?

현재의 순간을 고려해 보자. 너는 시간을 두고 이 작은 책을 읽는 중이다……. 네가 앞서 했던 것은 과거의 것이고 아무것도 아니거나 거의 아무것도 아니다. 말하자면 더 이상 존재하지 않는다는 것이다. 그것은 누군가가 그것을 현재에서만 기억하는 한 존재할 뿐이다. 그렇지만 이런 기억은 과거도 아니고 존재할 수도 없다. 그러므로 현재의 일부를 이루는 현재의 제 흔적이나 환기일 따름이다. 만약 너의 기억 자체가 스쳐 지나 갔다면 자네는 더 이상 기억할 수 없을 것이다. 그러므로 그것 은 더 이상 기억이 아니라 망각이다. 우리에게 과거는 현재에 서만 존재하거나 현재 안에서만 존재한다. 즉 지나가지 **않은** 한 그것은 순전히 기억의 역설만이 존재할 뿐이다.

그러므로 기억하지 않는 사람의 과거는 절대적으로 아무것 도 아닌 것인가? 그렇게 간단한 것은 아니다. 더 이상 존재하 지 않더라도 실제로 그것이 존재했었다는 것은 사실——영원 한 진리——로 남기 때문이다. 추워서 배고파서 무서워서 아우 슈비츠에서 울고 있던, 아마도 보름 정도 지난 1942년 12월쯤 에는 사람들이 독가스실로 보내 버린 그 어린 소녀를 더 이상 어느 누구도 이름도 얼굴도 알지 못할 것이다. 그것은 꽤 오래 전의 일이다. 그녀를 알았던 모든 이들은 죽었다. 그녀의 시체 조차 흔적도 없어져 버렸다. 사람들은 그들의 눈물을 기억하는 가? 그렇다. 일어났던 일은 진실로 남아 있고 영원히 그렇게 남 을 것이다. 오늘날 어느 누구도 더 이상 그것을 기억 못하거나 내일을 기억하지 못할지라도. 그들 각자의 눈물은 스피노자의 말처럼 영원한 진리이고, 다른 진리는 존재하지 않을 것이다. 그 모든 것에도 불구하고 과거가 존재한다는 것을 의미하는가? 아니다. 이것은 이런 진리가 존재하고 항상 존재하므로. 그러므 로 사고에서의 영원은 참의 이 항상-현재성과 다른 것이 아니 다. 머무르고 있는 것은 과거가 아니다. 진리는 변하지 않는다.

앞에 나오는 이 몇 줄을 너는 막 읽었다. 그것은 네가 금방 잊어버릴 너의 현재의 작은 순간에 지나지 않는다. 그렇지만 네가 읽었던 사실은 진실로 남을 것이다. 물론. 그렇지만 네가 그것들을 잊어버릴 거라는 사실 또한 진리이다······. 게다가 너의 전 생애를 기억해야만 한다고 하더라도 이런 순간들은 결정적으로 네 뒤에 존재한다. 너는 이 페이지를 내일이나 아니면 10년 후에 다시 읽을 수도 있을 것이다. 너는 더 이상 존재하지 않는 첫번째 독서 이전의 그 순간을 결코 다시 찾을 수는 없을 것이다. 바로 시간은 멈추지 않고 계속되고 지나가며 변화할 것이라는 말이다. 그리고 그것이 진정한 불가사의이다. 그러므로 현재는 결코 사라지지 않고(계속되므로) 항상(과거 속으로) 없어진다. 이런 신비는 과거가 포함하거나 흩뜨릴 수도 없는 시간이다. 과거는 더 이상 존재하지 않는데 어떻게 시간이 될 수 있는가? 시간은 머무는데 어떻게 과거가 될 수 있는가?

　미래는? 너에게 가장 가까운, 가장 있을 법한 미래는, 예를 들어 바로 이어지는 몇 줄을 읽을 때이다. 그렇지만 그것 또한 확실하지는 않고 아직 그것은 존재하지 않는다. 그러니까 한 친구가 너를 방해할 수도 있다. 너는 진저리를 내거나 다른 것을 생각할 수도, 이 작은 책을 분실하거나 아마 잠시 후에 죽을 수도 있을 것이다······. 미래가 존재하더라도 미래가 아닐 것이다. 그것은 이미 현재일 테니까. 그것은 있는 바의 것, 즉 기다림의 순(純) 역설인 존재하지 않는다는 조건에서만 존재할 뿐이다. 그러므로 실재하는 것이 아니고 가능, 잠재, 상상하는 것이다. 너는 이 장을 끝까지 읽을 것인가? 단지 네가 그것을 끝낼 때에만 그 사실을 알게 될 것이다. 그러므로 그것은 더 이상 미래가 아니라 과거가 될 것이다. 여기에서 거기까지인가? 너는 계속하거나 중단할 뿐이다. 그것은 미래가 아니라 과거이다. 희망은? 기다림은? 상상은? 해결은? 이것들은 현재에서만 그 자체가 존재할 뿐, 그러므로 현재의 것이거나 그렇지 않거나. 내일은? 내년에는? 10년 후에는? 그것은 존재하는 것이 아니므로 미래의 것이 아니다. 실재하는 것이 아닌 조건에서만 가능할 뿐이다. 너는 몇 페이지를 건너뛸 수도 책을 끝까지 계속할 수도 좀더 빨리 읽어갈 수도, 기차·비행기·로켓을 탈수도 있을 것이다. 너는 그 점에서 현재도 실재에서도 시간으로부터 벗어날 수 없을 것이다. 기다리거나 움직여야 한다. 어느 누구도 단지 여기 그리고 지금일 수밖에 없다. 미래가 아직 존재하지 않는데 어떻게 시간이 되는가? 시간이 항상 이미 거기에 있는데, 우리를 초월하는데, 우리와 동행하는데, 우리를 내포하고 있는데 어떻게 도래할 미래가 될 수 있는가?

시간은 지나간다. 그렇지만 지나가지는 않았다. 시간은 오지만 아직 도래하지 않았다. 아무것도 지나가지 않았고 아무것도 오지 않은 무언가가 현재에서만 도래한다.

여전히 이 현재는 사라지는 그 순간에만 현재로 도래한다. 그러므로 그것을 포착하려고 애써라. 그것은 이미 과거이다. 아우구스티누스는 현재가 항상 현재로만 머문다면, 과거와 결코 만나지 않는다면, 그것은 "시간이 아니라 영원일 것이다"라고 지적했다. 《고백록》 저자의 말은 계속된다. "시간이 되기 위해 현재가 과거와 만나야 한다면, 존재하기를 멈춤으로써만 존재할 수 있는 것, 그것이 시간이라고 어떻게 단언할 수 있는가?" 결론은 "시간이라는 것은 더 이상 존재하지 않는 경향이 있다고 우리에게 다언케 하는" 그런 역설이 성립한다.

난관은 아마도 보기보다 더 엄청날 것이다.

우선 아우구스티누스의 반론(현재가 여전히 현재로 있다면 그것은 시간이 아니라 영원일 것이다)은 시간과 영원이 양립할 수 없음을 전제하는 것이고, 그것은 입증된 적도 없고 자명하지도 않다.

다음으로 현재가 과거와 만나지도, 이것이 수긍이 가지도 않음을 어느것도 입증할 수 없는데 어디서 과거를 만날 수 있을까? 과거는 존재하는 것이 아닌데, 그리고 그것이 무엇이든 현재에서만 만날 수 있는데 어떻게?

마지막으로 특히 그때까지 전형이었던 아우구스티누스의 분석이 여기에서는 우리의 경험과는 상반되는 것 같다. 누가 현재가 멈추는 것을 본 적이 있는가? 그것이 변하는 것은? 물론. 그것은 머물러 있다는 조건에서만 가능할 뿐이다. 현존했던 것은 더 이상 존재하지 않는가? 물론. 그러나 현재는 여전히 존재한다. 너는 일찍이 달리 살아 보았는가? 네가 태어난 이래로 일찍이 과거의 1초라도 살아 보았는가? 미래의 1천 분의 1초는? 현재가 아닌 단 한 순간이라도 살아 보았는가? **오늘**이 아닌 단 하루는? 현재가 멈추지 않는다는 조건에서는 아무것도 멈출 수 없는데 현재가 '존재하기를 멈춘다'는 것을 어떤 의미로 말할 필요가 있는가? 나로서는 어쨌든 현재가 사라지는 것을 결코 본적이 없음에, 항상 계속되고 지속되며 영속하는 것에는 확실하다. 그것을 잘 생각해 보면 현재는 결코 나에게 부족한 적 없는 단 한 가지이다. 나는 종종 돈이 부족하고, 때때로 사랑·건강·용기……가 부족하다. 그러나 현재는 아니다. 시간이 부족했는가? 모든 사람들처럼. 그렇지만 나에게 부족했던 시간, 그것은 거의 항상 미래(위급한 상황이라 부르는 것, 즉 그것은 **자기 앞에 시간의 여유가 더 이상 없을 때**)였고, 때로 과거(향수라고 부르는 것, 즉 그것은 자기 뒤에 존재했던 것에 대한 결핍)였으며, 결코 현재(현재는 항상 거기에 혼자서 그리고 온전히 존재하고 있었던)는 아니다.

게다가 모든 결핍이 필요조건으로 하는 것을 어떻게 갖지 않을 수가 있는가? 모든 시선, 중지, 존재의 요구가 **멈추**는 것을 어떻게 알 수 있는가?

현재는 결코 중단도 시작도 하지 않는다. 과거 속으로 없어지는 미래에서 아직 도래하지 않았다. 그러므로 현재는 머무르고 변한다. 지속하며 변화한다. 그리고 지속하고 머무르기 때문에 변화할 수 없거나 변화할 뿐이다. 스피노자가 말하길 "지속은 존재의 무한한 연장이다." 시간 자체는 계속되고 항상 변화무쌍한 존재의 현존이므로 아우구스티누스의 공식은 뒤바뀌어야 한다. 그가 계속 말하길 "시간은 더 이상 존재하지 않는 경향이 있다고 우리에게 단언케 한다." 나에게 진실되게 보이는 것은 그 반대이다. 즉 시간은 끊임없이 지속되는 것이라고 단언케 하는 유일한 것이다.

그렇다면 시간과 영원은 동일한 것이란 말인가? 어째서 아닌가? 끝내기 위해서라면 그 점으로 되돌아가자.

과거는 더 이상 존재하지 않는 것이고, 미래는 아직 존재하지 않은 것이다. 그러므로 현재만이 존재하고 실재의 유일한 시간이다. 어쨌든 그것이 우리가 살아가는 식은 아니다. 우리는 시간에 대한 의식은 없다. 그 반대로 우리는 과거만 기억하기에, 우리는 미래만 예측하기에, 의식에서나 우리 시계를 통해 이것들을 경계짓는 것을 알기에. 시계로? 그렇지만 움직이는 시곗바늘, 그것은 현재의 한 일부분일 뿐이다. 그러므로 그것은 시간이 아니라고 베르그송은 말했다. 그것은 공간이다. 과거의 위치를 기억하고 미래의 위치를 예측하는 정신만이 거기에서 지속시간을 읽을 수가 있다. 정신을 제거하면 과거도 미래도 없는 현재만이 남을 것이다. 그러므로 시곗바늘들이 가리키는 현재의 위치만, 즉 그 공간만 남을 것이다. 기억이 거기에 있기 때문에. 과거, 현재, 미래(우리의 약속·계획·언약……을 보라)까지도 기억하는 신체가 거기에 있기 때문에. 더 이상의 공간도 없는 그것이 지속 시간이다. 더 이상의 운동도 없는 것, 그것이 의식이다. 더 이상의 순간도 없는 것, 그것이 간격이다. 그러므로 우리는 시간을 측정(어느 정도 현재를 측정하려고 애써 보도록!)할 수 있다. 우리에게 시간은 영원(과거도 미래도 없는 순수 현재인)과 대비를 이룬다. 요컨대 우리는 시간 속(단지 현재만이 아니라)에 존재한다——적어도 그것이 우리 안에 존재하는 시간이 아닌 한……

그런데 왜 이렇게 주저하는가? 그것은 우리가 측정하거나 상상하는 이 시간이 특히 의식으로서만 존재하는 과거와 미래로 이루어지기 때문이다. 그러므로 그것이 시간 그 자체의 경우가 아닌지 어떻게 아는가? 시간의 주관성이나 객관성에 대한 문제는 철학적으로 중요하다. 시간이 세상·자연·즉자적 현실의 일부를 이루는가? 아니면 우리에게는, 우리의 의식에서는 주관적으로만 존재하는가? 엄밀하게 이 두 가지 명제가 서로 상반되지 않음을 알아차리게 될 것이다. 서로가 제 관점대로 진실일 수도 있고, 달리 말하면 다른 두 가지의 시간이거나, 시간을 생각하는 두 가지 다른 방식일 수 있다. 한 면은 객관적 시간으로, 즉 헤겔이 말했다시피 그런 식으로는 항상 불가분(현재를 나누려고 노력해 보도록!)한 영원한 **지금**일 뿐인 세상과 자연의 시간이다. 그리고 다른 한 면은 고작 과거와 미래의 합(의식 속에서 그리고 의식을 위해서)일 뿐인 의식이나 정신의 시간이다. 첫번째를 **지속**, 두번째는 **시간**이라 부를 수 있겠다. 그렇지만 다른 두 관점에서 고려된 유일한 그러나 동일한 것, 즉 시간은 지속 시간의 인간 척도라는 것에 실제로 관련됨을 잊지 않는다는 조건에서 그렇다. 스피노자가 쓰기를 "지속 시간을 규정하기 위해서는 우리는 그것을 불변의 그리고 결정된 운동을 하는 사물의 지속 시간과 비교해 보는 것이다. 이 비교를 시간이라 부른다." 그렇지만 어떤 비교로도 하나의 존재를 만들 수는 없다. 그것은 지속과 시간의 혼동을 금하는 것이지만, 또한 같은 이유로 이것들이 마치 존재했던 것처럼 이것들을 완전히 구분하는 것도 금한다. 그것은 적절하지 못하다. 지속은 실재에 속하고, 아니 오히려 지속 시간이 실재 그 자체이다. 즉 제 실존의 무한한 계속인 것이다. 실존에 대해 시간은 이성의 존재일 뿐이다. 그러므로 그것은 전체의 무한하고 불가분한 지속 시간을 생각하거나 측정하는 우리의 방식이다.

지속은 존재에서 나온다. 이런 의미로 시간은 주체에게서 나온다. 최초의 체험된 시간, 주관적 시간(유일하게 객관적 시간을 **측정**할 수 있게 하는 것, 그것은 의식에 대한 시계뿐이다)은 20세기 철학자들이 일반적으로 **시간성**이라 부르는 것이다. 이것은 세상의 차원이라기보다는 의식의 차원이다. 여전히 그것은 아우구스티누스의 말처럼 존재라기보다는 영혼의 팽창이다. 칸트의 말처럼 대상적 혹은 즉자적 실제라기보다는 감각성에 대한 **아프리오리한** 형식이다. 대상이라기보다는 주체의 소여이다. 그렇지만 우리가 주관성을 통해서만 시간을 경험할 수 있다면 칸트나 후설에 동의할 수 있을 것이고, 이것이 주관성으로 국한되거나 그럴듯하지 않은 것처럼 보이기도 하는 것을 입증할 수는 없다. 실제로 우리에게만 시간이 존재한다면 어떻게 우리가 시간 속에서 생길 수가 있겠는가? 시간이 없으면 명백히 드러날 수도 없는 만큼 더욱 그것을 초월할 수밖에 없는 의식에 앞서는 시간, 우리 앞의 시간처럼 **사후에야** 비로소 의식에(물리학자·지질학자 그리고 여러 고생물학자들 덕택으로) 나타나는 이 수억 년에 어떤 실체를 부여하는가? 삶의 빅뱅과 출현 사이에, 우리에게만 존재한다면 시간은 지나가기 위해 어떻게 했는가? 그리고 시간이 지나가지 않았다면 자연은 어떻게 진화하고 변화하며 창조할 수 있었겠는가? 만약 시간이 단지 주관적이라면 어떻게 주관성이 시간성 속에서 나타날 수 있겠는가?

어떤 시간의 경과, 말하자면 우리가 살아가는 그런 날을 고려해 보자. 일부가 지나가고 다른 것이 도래한다……. 이것들을 가르는 현재에 대해, 그것은 시간이 아닌 지속 없는 순간(그것이 지속된다면 그 자체가 과거와 미래로 이루어질 것이다)일 뿐이다. 시간처럼 우리가 산다면 그것은 더 이상 존재하지 않는 것을 우리의 의식이 붙잡는 것이다. 아직 존재하지 않는 것을 예측하는 것이며, 예컨대 실제로 함께 존재할 수 없는 동일함——현재 체험된 현재——속에 존재케 하는 것이다. 마르셀 콩슈가 본 바대로 시간성은 우선 제 부정이므로 그런 점에서 시간성은 우리가 시간을 파악하도록 할 뿐이다. 그러므로 인간은 시간에 저항한다(왜냐하면 기억하고 예측하므로). 그것으로 시간을 의식하는 것이다. 정신은 항상 부정하고, 정신 자체는 기억·상상·고집·의지……이다. 그러나 시간 속에서만 시간에 저항할 뿐이다. 그렇지만 기억·상상·고집 혹은 의욕은 그 자체가 현재에만 존속하는 것이다. 그러나 정신은 세상 혹은 신체 속에서만 존재한다. 그리고 그것이 우리가 존재라 부르는 것이다. 무엇보다 시간에 속한다는 조건에서만 시간과 대적할 수 있는데 어떻게 시간을 제압할 수 있는가?

시간은 항상 가장 강하다. 왜냐하면 시간은 항상 거기에 있으므로, 항상 시간이 존재하므로, 현재는 존재의 유일한 '있음'이므로, 거기에서 모든 것이 지나가고 지나가지 않기에. 그래서 사람이 늙고, 그러므로 사람은 죽는다. 롱사르는 두 줄로 그러한 본질을 표현했다.

"시간은 가버린다. 시간도 가고, 나의 여인도 가고……
오오! 시간이 아니라 우리가 간다네."

이것이 젊음과 인생을 즐기는 이유이기는 하지만 어떻게?
현재를 살아가는 것? 그것만이 우리에게 주어진 것이기에 그렇게 해야만 한다. 순간을 사는 것? 결코 아니다. 그것은 기억·상상력·의지——정신과 자신——를 부인하는 것일 터이다. 그런 제 이념들을 기억하지 않고 어떻게 사고하는가? 사랑하는 사람을 떠올리지 않고 어떻게 사랑하는가? 제 욕망·계획·꿈을 기억하지 않고 어떻게 행동하는가? 만약 너의 학업이나 은퇴를 위해 갹출을 한다면 그것은 너의 미래를 준비하기 위해서이고, 그런 네가 옳다. 그렇지만 네가 공부하거나 갹출을 하는 것은 지금 현재이지 미래는 아닌 것이다. 만약 네가 너의 약속을 지킨다면 그것은 무엇보다 네가 그것을 기억하기 때문이고, 그래야만 한다. 그렇지만 네가 그것을 지키는 것은 현재이지 과거가 아니다! 현재를 산다는 것은 현재에 속하기 때문에 기억이나 의욕을 절단하는 것이 아니다. 지속하고 영속하므로, 커지거나 늙기에 순간 속에 사는 것이 아니다. 어떤 순간도 인간에게 머무르지는 않지만 현재만이 지속하고 변한다. 그렇지만 정신만이 상상하고 기억한다. 이 정신은 그 자체가 현재 ——두뇌 속에서—— 에서만 존재한다는 것이 있음직하다. 우리는 세상에서 왔고, 그것이 우리가 신체라 부르는 것이고, 우리는 세상에 있고, 그것이 정신이라 부르는 것이다. 내 생각에는 이 둘은 동일한 것이다. 그렇지만 세상은 의식이 없다. 정신은 세상이 아니고. 그러므로 망각이 죽음·피곤·어리석음·무를 항상 위협한다. 존재한다는 것 그것은 저항하는 것이고, 사고하는 것 그것은 창조하는 것이며, 산다는 것 그것은 행동하는 것이다.

이 모든 것은 또 다른 현재인 무엇인가가 뒤이어 오는 현재 ——결코 거기에서는 다른 것은 없으므로—— 일 뿐이다. 누가 과거나 미래에서 살 수 있겠는가? 더 이상 존재하지 않거나 여전히 존재하지 않아야만 할 것인데. 스토아학파들의 말처럼, 모든 현자들의 말처럼 현재를 사는 것, 그것은 꿈이 아니고 이상도 아니며 유토피아도 아니다. 그러므로 산다는 진리, 그것은 매우 간단하고도 아주 어려운 일이다. 영원은? 만약 아우구스티누스의 바람처럼 그것이 '불멸의 오늘'이라면 내일을 기다리는 것은 헛된 일이다. 만약 여전히 그가 말한 대로 '영원한 현재'라면 그것은 현재 자체이다. 그러니까 그것은 시간의 상반된 것이 아니라 항상 현재인 것, 사실상 항상 현재의, 항상 실행중인 제 진리이다. 우리는 스피노자의 《윤리학》에서 "우리가 영원함을 느끼고 경험한다"를 읽었다. 이것은 우리가 죽지 않는다거나 시간 속에 존재하지 않음을 뜻하는 것은 아니다. 그것은 죽음이 우리에게서 아무것도 앗아가지 않음을(죽음은 우리에게서 존재하지 않는 미래만을 앗아가므로), 시간은 우리에게서 아무것도 앗아가지도 않고(현재는 모든 것이므로), 결국 영원을 희망하는 것이 부조리함을 의미한다——우리는 이미 그 속에 있으므로. 비트겐슈타인의 견해로 "만약 그것을 영원으로 이해한다면 그것은 무한한 지속 시간이 아니라 비시간성이다. 그런데 현재 속에 사는 자, 영원한 삶이 있다." 그러므로 우리는 모두 항상 그것을 갖고 있다. 즉 우리는 이미 구원받았다. 우리가 비시간적이기 때문인가? 이것은 내가 사용할 용어는 아니다. 그렇지만 영원은 제 진리 속에서 실재와 참의 항상-현재일 뿐이다. 누가 일찍이 단 한 번의 **어제**(과거)를 살아 보았는가? 단 한 번의 **내일**(미래)은? 우리는 **오늘**(현재)만을 살고, 그것이 산다는 것이다.

상대성은 결코 변하지 않는다. 아인슈타인 이래로 우리가 아는 바대로 시간이 속력과 질량에 달려 있고, 이것은 더 이상 존재하지 않거나 아직 존재하지 않은 것을 존재할 수 있게 할 수는 없다. 바슐라르가 지적한 "상대성을 명료하게 표현한 아인슈타인의 생각은 바로 시간의 **경과**, 시간의 길이이다."그것이 현재 자체는 아니다. 유명한 랑주뱅의 쌍둥이 예가 입증하는 것, 그것은 사고의 경험이지만 계산과 실험(소립자의 층위에서)이 입증하는 바이다. 쌍둥이 중 한 사람은 지구에 남고 다른 한 사람은 빛의 속도에 가까운 속력으로 우주여행을 한 경우, 우주여행을 떠난 형제가 귀환했을 때 둘은 더 이상 동갑이 아닐 것이다. 우주 비행사는 몇 달의 나이만을 먹고, 한 장소에만 있던 형제는 수년을 먹어 버릴 것이다……. 결론은 시간이 속력에 따라서 변하고, 뉴턴이 생각한 것처럼 보편적이고 절대적인 시간이 없다는 것은 물론 옳지만, 어느 정도는 팽창되는 속력에 따라 상대적이거나 탄력적이며 변하기 쉬운 것이다……. 이상을 증명함. 그렇지만 그것이 과거도 미래도 존재할 수 있게 만들 수는 없을 것이다. 그러나 쌍둥이 중 어느 누구도 그런 이유로 단 한순간도 현재를 벗어날 수 없을 것이다. 그런 점에서 바슐라르가 말한 바대로 "아인슈타인의 학설에서 매우 정확한 순간에 절대가 남는다." 그것은 시-공의 관점이다. 즉 여기와 내일이 아닌 '당장,' 저기와 오늘이 아니라 **여기** 그리고 **지금**이다. 그것은 현재 자체이고, 보다 정확히 말해 현재들이다. 이것들은 모두 다르고 변화무쌍하지만 모두가 또한 현실적이다. 그것이 시-공이고 제 유일한 실재이므로, 그것은 시간보다 공간 속에 더 많이 존재하는 우리가 우주라 부르는 것이다.

현재가 전부인데 우리가 어떻게 현재에서 벗어날 수 있겠는가? 정신 자체가 현재에 속하는데 우리가 왜 그것을 바라겠는가? 자 완성된 이 장을 보라. 즉 그것은 이미 희미해지는 과거처럼 거의 온전히 네 뒤에 있다. 그러나 마치 내가 현재에서만 그것을 쓸 수 있는 것처럼 현재에서만 읽고 현재에서만 읽을 수 있는 것이다. 그렇지만 너의 인생과 마찬가지로 그것은 달리 중요한 문제이다. 인생은 운명이나 위협적인 야수처럼 미래 속의 양탄자가 아니다. 천국이나 약속처럼 하늘에 감춰진 것도 아니다. 동굴이나 감옥처럼 네 과거 속에 밀폐된 것도 아니다. 그것은 여기 그리고 지금 존재하는 것이다. 즉 네가 살고 행하는 것이다. 존재의 한 중심에서, 현재의 한 중심에서, 모든 것의 중심에서──실재와 삶의 큰 기운 안에서. 아무것도 쓰지 않았고 아무것도 약속하지 않았다. 만약 현재만이 스토아학파들의 말처럼 존재한다면 행위만이 실재하는 것이다. 꿈꾸는 것, 환상을 품는 것, 상상하는 것은? 그것은 여전히 사는 것이지만 **최소한의** 것으로 행동하는 것이기에. 네가 거부하는 것은 잘못이지만 그것에 만족해하는 것이 더한 일이다. 오히려 네 인생을 맡는 것이 더 낫다! 즉 오히려 현재에 머무르기를! 세네카가 쓰기를 "인생의 가장 큰 적은 기다림이다. 장차 도래할 모든 것이 불확실한 영역이다. 그러므로 지금부터 살아라."

남아 있는 날을 붙잡아라(Carpe diem). 이것은 충분하지 않다. 날들이 지나가고 어떤 것도 머무르지 않기에. 그것보다 변하고 계속되는 현재를 붙잡아라(Carpe aeternitatem).

순간을 사는 것? 거기에는 이견이 없다. 어떻게 너는 즉시 시험이나 바캉스를 준비할 수 있고 약속을 이행할 수 있으며 우정이나 사랑을 이룰 수 있는가? 현재를 산다는 것? 그것이 유일한 길이다. 어떻게 너는 미래에서 공부하고 즐기며 행동하고 사랑할 수 있겠는가?

현재는 행동의 유일한 장, 사고의 유일한 장, 즉 기억과 기다림의 유일한 장 그 자체이다. 그것은 세상의 **카이로스**(절정의 때, 즉 행동의 순간인 호기(好機))이거나 **카이로스**로서의 세상이다──현동적인 실재.

그것은 존재가 지속되는 시간 속에 있기 때문은 아니다. 시간의 존재가 지속하기 때문이다.

현재를 사는 것? 그것은 단순히 실제로 사는 것이다. 우리는 이미 왕도에 이르렀다. 영원 그것은 지금이다.

# 11
# 인 간

"인간은 인간에 대해서 신성불가침한 존재이다."

세네카

인간이란 무엇인가? 철학사에서 그에 대한 답변들이 적지 않다. 인간은 아리스토텔레스가 주장한 대로 정치적 동물인가? 그의 말처럼 말하는 동물인가? 플라톤이 익살스럽게 표현한 대로 날개 없는 두 발 달리 짐승인가? 스토아학파에 이어서 스콜라철학자들의 생각처럼 이성적인 동물인가? 웃는 존재(라블레), 생각하는 존재(데카르트), 판단하는 존재(칸트), 행동하는 존재(마르크스), 창조하는 존재(베르그송)인가?

이런 대답들 중의 어느것도, 그것의 총합도 나에게는 완벽하게 만족스럽지는 않은 것 같다. 이 대답들이 무엇보다 어쩌면 과도하게 광범위하거나 또 확실히 제한적으로 부풀려졌기 때문일 것이다. 올바른 정의는 모든 한정 개념에 그리고 그것에 대해서만 적용돼야 한다. 그러나 내가 방금 언급한 대답들이 너무나 유명하다고 하더라도 그런 경우에 해당하지는 않는다. 돌고래의 경우나 이런저런 외계인의 경우에 언어, 정치 조직, 사고, 일 등등의 존재를 증명한다고 상상해 보자. 그것이 돌고래나 외계인을 인간으로 바뀌게 만든다거나 마찬가지로 인간을 고래류 또는 화성인으로 변환시키는 것은 아니다. 천사에 대해서 뭐라 말하며, 천사를 웃게 하는 것은 가능한가?

그렇다고 해서 인간에 속하지도 않는 한 존재가 사회에 살고, 말하며, 생각하고, 판단하며, 웃고, 제 존재 수단을 만들어 낼 수 있다는 정의, 그것이야말로 유한 개념에만 적용되는 것이 아니므로 너무 광범위하다.

극도로 어리석은 사람은 말하지 않고 추론하지 않으며, 웃지도 판단하지도 일하지도 정치를 하지도 않는다는 것, 그것이야말로 정의된 개념 **전부**에 적용되지 않기에 동일 정의 역시 너무나 협의적이다. 그렇다고 해도 **그도 인간**이다. 그는 사회 속에 사는가? 그는 아마 이러저러한 우리의 애완동물 그 이상도 그 이하도 아니다. 그렇다고 인간을 잘 다루어진 하나의 동물로 취급하는 데 누가 동의를 할 것이며, 누가 그를 동물원에 집어넣고 싶어하겠는가? 각자가 아는 것을 때로는 악화시켰다고들 나에게 말할지도 모른다. 그렇지만 어떤 철학자가 이것을 받아들일 수 있다고 판단하겠는가?

참으로 영리한 돌고래나 외계인조차 인간이 아니라면 그리고 극도로 어리석은 자 또한 인간(특히 이런 자가 나에게는 중요하다)이라면, 우리의 기능적 · 규범적 정의가 적합하지 못하다고 결론지어야 한다. 그러므로 비록 그가 정상적인 **기능**을 멈춘다고 하더라도 인간은 인간으로 남는다. 역할(기능 · 활동)도 규범도 정의로서 적절하지 않음을 이르는 것이다. 인간이 하거나 할 줄 앎으로써 정의되는 것은 아니다. 있는 바대로? 물론. 그렇지만 인간성은 어떠한가? 이성도 정치도 웃음도 일도 그것이 무엇이라 하든 어떤 능력도 인간의 고유한 속성은 아니다. 인간은 특성이 없거나, 어쨌든 어떤 속성도 인간을 정의하는 데 충분하지는 않다.

이것이 디드로가 본 바이다. 《백과전서》의 〈인간〉항 속에서 그는 다음처럼 개략적으로 기술했다. "그는 길 위를 자유로이 거니는, 느끼고 사고하며 성찰하는 존재이다. 그는 군림하는 다른 모든 동물들의 우두머리에 서서 사회에 살며 과학과 예술을 창조해 내고, 자신의 속성인 선의와 악의를 지닌 존재이고, 주인임을 자처하며 법령을 만드는 존재이다. 등등." 이런 정의는 우리가 기원으로 하는 것과 동일한 장점과 약점을 두루 가지고 있다. 디드로도 그것을 알고 있다. 그리고 그의 정의의 결말은 인간에 대해 명확하게 해주고 또 무효화시켜 미소짓게 만든다. 즉 "이 단어가 존재하는 모든 것을 우리에게 상기시킬 만큼 정확한 의미는 없다. 그렇지만 기존의 우리의 모습이 정의 속에서 이해될 수 있는 것은 아니다."

사람들이 말하는 것, 그것이 무엇——혹은 누구——인지 모르는데 어떻게 인간의 권리에 대해 말할 수 있는가? 우리에게는 아리스토텔레스가 특별한 차이라고 불렀던, 적어도 기준, 변별적 기호, 소속의 표지가 필요하다. 어떤 것인가? 우리가 소속된 종 그 자체이다. 인간은 무엇보다 자신의 성공 여하에 달린 수행 능력이 아니다. 그것은 제 실패 속에서도 끝까지 자신을 인정하는 소여이다.

그것이 바로 생물학으로 귀착해야만 하는 지점이다. 직립 자세, 다른 손가락과 마주 보는 엄지손가락, 뇌의 용량이나 종간 교배 역시 인간 내에서 예외가 없지 않음을, 즉 그것이 논박의 여지가 될 다른 특징의 정의를 찾기 위함은 아니다. 생물학으로 귀착해야만 한다면 그것은 무엇보다 개념을 정의하기 위해서가 아니라 신체의 성을 지닌 수태의, 잉태의, 출산의 인간 경험을 회복하기 위해서이다. 여자의 몸에서 태어난 모든 사람. 그러므로 창조된 것이 아니라 태어난 모든 사람. 천재만큼 어리석은 존재들도, 악당만큼 정직한 사람도, 아이만큼 나이든 사람도, 어떤 외계인도, 어떤 천사도 결코 우길 수 없는 것이다. 인간은 무엇보다 동물의 일종이다. 우리가 그것을 유감스럽게 느끼는 것은 잘못된 일이다. 그러므로 단지 우리가 거기에서 발견하는 강렬한 쾌락뿐만 아니라 우리를 존재할 수 있게 하는 것이 유감스럽기 때문이다. 에드가 모랭의 말을 상기하자면 우리는 포유류인, "영장류의 목(目), 과(科), 사람 속(屬), 사피엔스 종(種)에 속한다." 이런 소속이 더 이상 기능적인 것은 아니지만 총칭적인 또 다른 정의로 귀착한다. 이것은 내 개인적인 관례로 꾸며낸 것이지만 나에게는 충분한 정의이다. 즉 두 **인간 존재 사이에서 태어난 모든 존재가 인간 존재**이다. 신중하고도 엄밀한 생물학주의이다. 누가 말하건 아니건, 생각하건 아니건, 사회화나 창조 · 작업이 가능하건 아니건 이런 정의 속에 들어가는 모든 존재는 우리(그것을 실제로 행사할 수 없을지라도)와 동일한 권리를 가진다. 아니 더 정확히 말해 그것은 마찬가지이고, 이런 정의에 대해 우리는 동일한 의무를 가진다.

인간은 가치 이전의 하나의 사실이고, 미덕이 되기 이전의 하나의 종이다. 만약 그것이 가치나 미덕(인간성이 비인간성의 상반된 것이란 의미에서)이 될 수 있다면, 그것은 단지 무엇보다 이런 사실과 이런 종에의 충실에 의해서일 뿐이다. 몽테뉴가 이르길 "각 인간은 인간 조건의 완전한 형태를 지닌다." 우리들 사이의 최악은 그 조건을 벗어나지 않는다. 잔인함, 야만성, 무지로 비인간적인 사람들이 있다. 그렇지만 그것은 그들만큼 인간이라는 자신의 소속을 부인하는 존재들이다. 우리는 인간으로 태어났다. 그러므로 인간으로 변해간다. 그렇지만 인간으로 변하는 데 실패한 자가 그렇다고 해서 인간이 아닌 것은 아니다. 인간성은 창조되기 이전에 부여받았거나 장시자이다. 문화적으로 되기 이전에 자연적인 상태로 부여받았다. 그것은 본질이 아니고 계보이다. 즉 인간의 아들이므로 인간인 것이다.

이것은 인간——혹은 초인간——에 대해 인공적이며 우연한 제작, 우생론, 복제화의 문제를 제기한다. 그리고 그런 사실이 나로서는 이것들을 용인하지 않는 강력한 이유이기도 하다. 만약 인간이 제 본질보다는 혈통으로, 정신보다는 창조로, 제 기능이나 수행보다는 그것에 대한 우리의 의무로 정의된다면, 이런 혈통, 탄생, 의무에 저항해야만 한다. 인간성은 유희가 아니다. 그것은 목적이다. 창조가 아니라 무엇보다 유전이다. 발견이 아니라 충실함이다. 제 인성(유전자 치료라 부르는 것)을 충만할 수 있게 만드는 만큼 모든 것을 인간 존재로 만들기 위한 유전학의 훌륭한 진보에 쓰일 수 있는 점에는 어느 누구도 불평하려 들지 않는다. 그것은 인간 자체를 변형시키고자 하는 이유가 아니고 그것을 개선하기 위한 것이다. 의학은 질병에 맞서 싸운다. 그렇지만 인간성은 그것이 아니다. 인간성은 당연히 의학의 소관이 아니라는 말이다.

인간을 초월한다? 그것은 인간을 배반하거나 상실하는 것일 터이다. 모든 존재는 스피노자의 말처럼 제 존재 속에서 지속되는 경향이 있다. 말(馬)로 바뀌는 것보다 천사로 바뀐다고 한 인간 존재가 덜 파괴되는 것은 아니다……. 우생론과 야만, 투쟁까지도! 개인을 치료하는 것, 그렇다. 그리고 결코 그것이 지나친 법은 없을 것이다. 인간 종을 바꾸는 것, 아니다. 유전자 치료에 관한 한 이 둘 사이의 경계가 구별하기 힘들거나 문제가 됨을 나는 잘 안다. 그것을 잘 생각하고 신경을 써야 되는 그 이상의 이유이기도 하다. 인간은 신이 아니다. 그러므로 그는 제 원인이나 제 파멸이 아닌 것을 수용한다는 조건에서만 충분히 인간으로 남을 것이다.

인간이 무엇보다 동물의 종이라는 것은 특히 인본주의 문제를 제기한다. 그 단어는 두 가지 의미를 가질 수 있다. 어떤 가치를 단순히 인간에 부여하는 실천적·도덕적 인본주의가 있다. 달리 말하면 모든 인간 존재에 대해서 상당수의 의무와 금기를 스스로 부과하는 것이다. 그것이 인간의 철학적인 정착보다는 오늘날 인간의 의무라 부르는 것이다. 즉 인간이 의무가 있다면 그것은 무엇보다 우리 모두가 서로에 대해서 의무를 진다는 말이다. 살인하지 않기, 괴롭히지 않기, 학대하지 않기, 강요하지 않기, 위반하지 않기, 도둑질하지 않기, 모욕하지 않기, 중상모략하지 않기……. 이런 인본주의는 정치가 되기 이전의 도덕이고, 그것이 거의 항상 우리 동시대의 도덕이다. 왜 우리는 동성애를 더 이상 잘못으로 간주하지 않는가? 왜냐하면 그것은 누구에게도 해를 끼치지 않기 때문이다. 왜 우리는 항상 그리고 그 어느 때보다 위반, 매춘업, 소아성애를 비난하는가? 이런 행동은 폭력, 타인의 복종, 자신의 착취, 자신의 억압을 전제하거나 초래하기 때문이다. 요컨대 제 의무, 청렴결백, 자신의 자유, 존엄성……을 침해하기 때문이다. 그것은 우리의 세속적인 사회에서 도덕이 무엇으로 변해 버렸는지를 여실히 말해 주는 것이다. 절대적 혹은 초월적인 금기에의 복종이 더 이상 아니라 그것은 다른 남자, 여자에 대한 인간적인 이해 관계에 대한 고려이다. 지엽적인 것이 아닌 본질적인 종교에 대한 것이고, 우리가 실용적인 인본주의에 다시 처하는 상황이다. 왜 '실용적'인가? 그것은 사고나 명상(**이론**)보다 더 행동(**실천**)에 관계되기 때문이다. 문제가 되는 것은 우리가 인간에 대해 알거나 믿는 것이 아니라 인간에 대해 **원하는** 것이다.

만약 인간이 세네카의 말처럼 인간에 대해 신성불가침의 존재라면, 그것은 신이기 때문도 신이 그에게 명령하기 때문도 아니다. 그것은 그가 인간이기 때문에 그것으로 족하다.

그러므로 실용적인 인본주의, 즉 도덕과 같은 인본주의이다. 인간적으로 그리고 인간을 위해 행동하는 것이다.

그렇지만 이론적이거나 초월적이라고 부를 수 있는 또 다른 인본주의가 있다. 무엇에 관련되는가? 어떤 사고, 믿음, 인식으로부터 혹은 다음과 같은 것을 바라는 것이다. 즉 그것은 우리가 인간에 대해 아는 것과 제 가치에 대해 아는 것, 혹은 우리가 믿어야만 하는 것, 우리의 의무를 관점으로 정당화하는 것이다……. 이런 인본주의가 내세우는 의식 자체와 상충한다. 실제로 우리가 인간에 대해 아는 것——아우슈비츠의 경우를 보라——이 최상의 경우보다는 종종 더 보잘것없고 최악일 수 있는 경우이기 때문이고 이어서 존재하는 그대로(원칙보다 더 결과로) 되기를 선택하지 않은 다윈의 경우이다. 결국 그는 신이 아니다. 왜냐하면 그는 육체(그에게는 전능하고 완벽하며 불멸의 존재가 될 수 없는)를 가졌기에, 우선 자연적이고 다음으로 문화적인 역사를, 그리고 끝으로 이것들을 지배하기보다는 훨씬 더 그를 지배하는 사회와 무의식을 가졌기 때문이다. 인문학——프로이트·마르크스·뒤르켐을 보라——이 우리 자신으로부터 우리가 할 수 있는 생각을 전복시킨 셈이다. 그러므로 알튀세의 말처럼 그들의 이론적인 반-인본주의가 우리에게 신을 믿는 것처럼 인간을 믿는 것을 금했다. 달리 말하면 제 존재,

사고, 행위의 근거를 금했다. "인문학 최후의 목표는 인간을 이루는 것이 아니라 와해시키는 것이다." 이것은 '자연 속에서의 문화이고, 결국 제 물리-화학적인 조건의 총체 속에서의 삶'으로 복귀하는 것을 전제로 한다. 인간은 자기의 원인이 아니고, 무엇보다 자신의 지배자도 아니며, 여전히 자신에 대해 투명한 존재도 아니다. 그는 자신도 모르게 경험하고 구성하는 어떤 역사의 결과이다. 그는 무엇보다 그것을 행하는(제 육체, 과거, 교육……) 자이므로 단지 그것을 안다. 만약 인간이 사르트르의 말처럼 '인간을 매 순간 창조하는 것으로 선고받은' 거라면, 그것은 무로부터는 아니다. 인간은 백지도, 자신의 자신에 의한 순수 창조도 아니다. 그것이 역사이고, 하나의 아니 다(多)결정론이며, 하나의 모험이다.

스피노자의 말처럼 "인간은 제국 안에서 하나의 제국이 아니다." 그러므로 명령(위반하거나 약탈하는 것처럼 보이는 것을 포함한)에 따르는 자연에 속한다. 그가 민들고 속하는 역사·사회·시대·문명에 속한다……. 최악일 수 있다는 것이 너무나 잘 설명될 뿐이다. 인간은 죽음을 면치 못할, 그리고 그것을 아는, 본능보다 더한 충동을 느끼는 동물이고, 이성보다는 열정을 가진, 사고보다는 환상을, 깨달음보다는 노여움을…… 더 타는 동물이다. 에드가 모랭은 다음의 멋진 공식을 세웠다. 즉 **"호모 사피엔스, 호모 디멘스."** 자기 속에 수많은 폭력·욕망·두려움을 가진 존재여! 사람들은 항상 그것으로부터 자신을 지키는 것이 옳다. 그리고 그것이 자신을 마주 대하는 유일한 방식이다.

라 메트리가 쓰기를 "나는 인간에 대한 운명, 말하자면 자신의 것만큼이나 신뢰하지 못하는 사람의 손에 맡겨진 운명을 통탄한다." 그렇지만 다른 것은 존재하지 않는다. 그러므로 우리의 고독이 우리의 의무 역시 강요한다. 인문학이 귀중한 우리 자신에 대해 가르쳐 주는 것이 도덕을 대신할 수는 없을 것이다. 우리가 인간에 대해 **아**는 것이 무엇이든 우리가 **원**하는 것에 대해 아무것도, 거의 아무것도 말해 주지 않는다. 개인주의와 폭력이나 잔혹성을 과학적으로 설명 가능한 것이(그것들이 실재하는데 왜 설명할 수 없겠는가) 우리에게 그것들의 가치를 결코 가르쳐 주지는 않는다. 사랑 · 온정 · 연민이 존재하고 더 가치가 있으므로 또한 설명이 가능하다. 무엇의 이름으로? 스피노자의 말처럼 '우리의 눈앞에 놓인 인간 본성의 전형으로서,' 행하는 인간의 어떤 이념을 고려해서 그렇다. 안다는 것은 판단한다는 것이 아니고, 그것을 면제해 주지도 않는다. 그것을 평가절하하는 것과 거리가 있는 인문학에 대한 이론적인 반-인본주의는 실용적 인본주의에 제 절박함과 제 지위를 부여했다. 그것은 종교가 아니고 도덕이다. 믿음이 아니고 의지이다. 이론이 아니라 투쟁이다. 인간의 권리를 위한 투쟁이고, 그리고 우리 사이의 각자의 첫 의무이다.

인간은 주시해야 될 본질도, 존경해야 될 절대도, 숭배해야 할 신도 아니다. 그러므로 인간은 보호해야 할 하나의 종이고,

알아야 할 역사이며, 인식해야 할 개인의 총체이고, 결국 수호해야 할 가치이다. 도덕에 대해 내가 말했듯이 자신과 우리를 인간답게 해주는 그것이 신앙보다 더 중요한 내가 신의라 부르는 것이다.

인간을 믿는 것? 있는 그대로를 인정하는 것, 그리고 경계하는 것이 더 낫다. 그렇지만 이것이 우리로 하여금 남자와 여자를 최상——문명, 정신, 인간성 자체——으로 만드는 것에, 우리가 받았던 것에, 우리가 전달하고 싶은 것에, 요컨대 실제로 인간의 어떤 이념에 여전히 충실할 것을 면제해 주지는 않는다. 그렇지만 그것은 앎보다는 인식, 과학보다는 **인성**, 종교보다는 도덕과 역사 덕분이다. 이론보다는 반복해서 실용적인 인본주의를. 그러므로 가치가 있는 유일한 인본주의, 그것은 인간적으로 행동하는 것이다. 인간은 신이 아니다. 적어도 인간으로서 우리가 행동해야 할 차례이다.

몽테뉴는 〈레몽 스봉을 위한 변명〉의 말미에서 세네카의 다음 문장을 회상시키고 있다. 즉 "만일 인간이 인간성을 초월하지 못한다면, 오 인간이란 얼마나 비굴하고 비열한가!" 그리고 다음의 논평을 덧붙였다. "이것은 재치 있고 유익한 욕망이지만, 그러나 마찬가지로 부조리하다. 왜냐하면 손바닥보다 더 큰 것을 쥐려고 하고, 팔에 넘치는 것을 안으려 하며, 우리들의 다리 길이보다 더 길게 발을 떼어놓자고 하는 것은 불가능하고 부자연스럽기 때문이다. 인간이 자기 자신과 인간성을 초월하지 못하는 것도 안 될 말이다." 그러므로 남아서 행동하라. 그렇지만 그것이 결코 그 아래로 내려가지 않도록 보장해 주지는 않는다.

환상 없이 지켜내야 할 인본주의. 인간은 죽지 않는다. 그러니까 종으로서나 이념으로서도 이상으로서도 죽지 않는다. 그렇지만 인간은 반드시 죽는다. 그리고 그 사실이 인간을 더 옹호해야 하는 이유이다.

# 12

# 지 혜

> "우리가 타인의 앎에 대해서 모든 것을 다 알 수
> 있다 하더라도 우리 자신의 지혜보다는 아니다."
>
> 몽테뉴

그리스어로 **필로소피아**는 지혜에 대한 사랑과 추구라는 것, 그것은 어원학적으로 매우 분명한 사실이다. 그렇지만 지혜란 무엇인가? 지식은 무엇인가? 라틴어(sapientia)의 경우처럼 그리스어(sophia)의 경우에도 이 말은 평범한 의미의 단어이다. 그리고 헤라클레이토스 이래로 대부분의 철학자들이 끊임없이 확인한 사실이다. 스피노자의 경우처럼 플라톤의 경우에도, 데카르트나 칸트처럼 스토아학파에게도, 몽테뉴나 알랭처럼 에피쿠로스학파에게도 지혜는 사고·지능·지식, 요컨대 실제로 어떤 **지식**으로 간주하는 것이다. 그렇지만 그것은 매우 특별한 지식으로, 어떤 학문도 설명하거나 어떤 증명도 유효하거나 어떤 실험도 시험하거나 입증할 수도, 결국 어떤 증서도 승인할 수 없는 것이다. 그것은 이론이 아닌 실천과 관계가 있다. 증거가 아니라 시험이다. 실험이 아니라 실습이다. 학문이 아니라 삶이다.

　그리스인들은 때로 이론적이거나 관조하는(sophia) 지혜와 실용적인(phronèsis) 지혜를 견주었다. 그렇지만 그 중의 하나가 다른 하나 없이는 안 되거나, 오히려 진정한 지혜는 이 둘의 병합일 것이다. 그것은 결코 그 둘을 구분하지 않는 프랑스어가 옳다고 인정하는 것이다. 데카르트가 말한 "잘 행하기 위해 잘 판단하는 것," 그것이 지혜 자체이다. 일부가 관조하는 데 더 소질이 있다면 다른 사람은 행동하는 데 더 소질이 있을 수 있고, 그것은 있을 법한 일이다. 그렇지만 어떤 소질도 지혜에는 충분하지는 않다. 그러므로 지혜는 알아야 할 것을 배워야 하는 것이고, 소질은 원하는 것을 배우는 것이다. 지혜는 충분한 것은 아니다. 문화도, 능숙함도 충분한 것은 아니다. "지혜는 학문도 기술도 될 수가 없다"고 아리스토텔레스는 강조했다. 그러므로 지혜는 사실이거나 효과적인 것보다 자신과 타인에게 유용한 것에 더 영향을 미친다. 지식인가? 물론. 그렇지만 그것은 처세술이다.

　철학과 지혜를 구분하는 것이 오히려 사고하는 법을 아는 것일 테다. 그렇지만 철학이 지혜와 비교되는 한 의미가 있을 뿐이다. 그러므로 좀더 나은 삶을 위해 좀더 잘 생각하는 것, 그것만이 진정한 철학하기이다. "철학은 우리가 살아가는 방법을 가르치는 학문이다"라고 몽테뉴는 썼다. 그렇다고 그것이 우리가 알지 못한다는 말인가? 물론. 철학하기가 필요한 만큼 우리가 지혜롭지 못하기 때문이다. 지혜가 목표이다. 즉 철학은 그 여정이다.

우리는 아라공을 떠올린다. "사는 것을 배워야 할 때는 이미 너무 늦다……." 이와 유사한 생각을 좀더 강한 어조로 몽테뉴의 경우("인생이 지나갈 때 우리에게 사는 법을 가르쳐 준다")에도 했다. 그는 사람들이 교정할 수 있고 응당 그래야만 했던 교육의 실수보다는 인간 조건의 운명에 대하여 덜 고려했다. 왜 삶이 기다리지 않는데 철학하는 것을 기다려야 하는가? 몽테뉴는 짓궂게 다음처럼 썼다. "수많은 학생들은 아리스토텔레스의 절제에 관한 학과를 배우기 전에 매독에 걸려 버렸다." 매독이 철학에 속하는가? 치료약이나 예방에 있어서는 물론 아니다. 그렇지만 성욕, 신중함, 쾌락, 사랑, 죽음……은 거기에 속한다. 어떻게 의학이나 예방법이 충분할 수 있는가? 어떻게 이것들이 지혜를 대신할 수 있는가? 《수상록》에서 쓰기를 "네가 아픈 것으로 죽지는 않는다. 네가 살아 있다는 사실로 죽는다." 그러므로 죽는 것이 사는 법을 배우는 것이고, 그리고 그것이 철학 자체이다. 몽테뉴는 또한 철학은 "거만하고 무시무시한 찌푸린 얼굴로 아이들에게 다가갈 수 없게 묘사하는 큰 잘못을 저질렀다. 누가 이런 창백하고 보기 흉한 가짜 모습을 덮어씌운 것인가? 철학보다 더 즐겁고 활기차고 쾌활하며 심지어 익살스럽기까지 한 것도 없다"며 계속했다. 철학과 박학을 엄밀함과 권태를, 지혜와 하찮은 것을 혼동하는 자에게는 안 된 일이다. 삶이 실제로 어렵고 나약하고 위험하고 귀중한 만큼 가능한 한 가장 빨리(다른 연령과 마찬가지로 유아기에도 적절한 철학 수업이 있다) 철학을 해야 하는 이유이다. 달리 말하면 그것은 너무 늦기 전에 될 수 있는 한 사는 법을 배우기 위한 것이다.

그러므로 철학이 어느 정도 자신의 생각과 언어를 구사할 때부터 모든 연령에서 쓸모가 있기 때문에 철학이 소용되는 것이다. 수학·물리·역사·솔페지오를 하는 아이에게 왜 철학이 금지되었는가? 의사가 되기 위해, 엔지니어가 되기 위해 준비하는 학생은 왜 더 이상 철학을 하지 않는가? 그들의 일이나 수심에 빠진 성인이 철학을 시작하거나 다시 시작하는 때를 언제 찾는가? 벌이를 위해 일하는 것, 그것은 당연하다. 그렇지만 그것이 사는 것을 면제해 주지 않는다. 혼자 혹은 여럿이 그것에 대해 성찰할 시간을 갖지 않고 가장 철저하고 가능한 한 가장 엄밀한 방식으로 자문, 추론, 논쟁 없이, 결국 평균보다 더 똑똑하고 재주 있는 다른 사람들이 생각했던 것에 전념하지 않고 어떻게 지혜로 살아갈 수 있는가? 나는 예술에 관한 말로의 성찰을 인용했다. 즉 "박물관에서 사람들은 그림 그리는 것을 배운다." 똑같이 말하자면 철학 책에서 철학하는 법을 배운다는 것이다. 그렇지만 목표는 철학이 아니고 여전히 덜 책처럼 하는 것이다. 목표는 좀더 명확하고 자유롭고 행복한 좀더 현명한 삶이다. 이런 방법에 대해 누가 발전이 없다고 주장하겠는가? 몽테뉴는 〈아이들에 대한 제도〉(《수상록》, I, 26) 편에서 칸트가 계몽주의에 대한 명구를 만든 호라티우스의 동일한 표현, 즉 "Sapere aude, incipe(용기를 내 이성을 사용하라. 시작하라!)"를 인용했다. 왜 더 기다려야만 하는가? 왜 행복을 미루는가? 에피쿠로스는 철학하는 데는 결코 너무 이르지도 너무 늦는 법도 없다고 했다. 왜냐하면 행복해지는 데 너무 이르지도 너무 늦는 일도 없을 테니까. 좋다. 가장 이른 것이 최선이라고 매우 분명하게 지적하고 있다.

어떤 지혜인가? 철학자들은 모든 것에 관해서처럼 그 점에 대해서도 서로 어긋난다. 에피쿠로스학파의 경우에서처럼 쾌락에 대한 지혜인가? 스토아학파의 경우처럼 의지의 지혜인가? 회의주의자들처럼 침묵의 지혜인가? 스피노자의 경우에서처럼 인식과 사랑에 대한 지혜인가? 칸트의 경우에서처럼 의무나 희망의 지혜인가? 그 점에 관해서 각자가 제 의견을 가진 자라면 다양한 학파에서 차용할 수 있을 것이다. 스스로 철학해야만 한다. 즉 어느 누구도 우리 대신 생각할 수도 살 수도 없으므로. 그렇지만 어떤 점에서 적어도 철학자들이 거의 모든 것에 동의하는 것은 바로 지혜가 알아보는 어떤 행복 · 평온, 즉 말하자면 어떤 내면의 평화이지만 이성의 엄정한 연습 없이는 안 되는 즐겁고도 명쾌한 이념에 대해서이다. 그것은 고뇌에 상반되고 광기의 상반되는 것이며 불행과 반대된다. 그러므로 지혜가 필요하다. 그러므로 철학해야 한다. 우리는 사는 법을 모르니까. 배워야만 하므로. 고뇌, 광기, 불행이 끊임없이 우리를 위협하므로.

알랭은 쓰길 "지혜의 가장 상반되는 악은 정확히 어리석음이다." 그래서 가능한 한 가장 **지혜로운** 삶을 지향해야 한다. 그렇지만 지성이 그것에 충분하지 않다. 책들도 그것에는 충분하지 않다. 매우 짧은 시간을 살기 위해서 그렇게 많이 생각하는 것이 무슨 소용인가? 과학·경제·철학 속에는 얼마나 많은 지혜가 있는가? 그리고 학자의 삶 속에, 사업가의 삶 속에, 철학자들의 삶 속에 얼마나 많은 어리석음이 있는가? 지성은 그것이 우리의 경험을 변화시키고 분명하게 해주고 안내해 주는 한 지혜를 대상으로 삼지 않는다. 체계를 만들어 내는 것도 아니다. 관념을 다루거나 단지 그 수단일 뿐인 관념들로는 충분하지 않다. 유일한 그 목표는 좀더 나은 혹은 좀더 나쁘지 않은 사고와 삶이다.

마르쿠스 아우렐리우스의 멋진 표현이 있다. 즉 "만약 신들이 나에 대해 나에게 일어날 일에 대해 결정했다면 그들은 지혜롭게 한 것이다. 그렇지만 그들이 우리에 관한 일이나 존재하지도 않을 일에 대해서 아무런 결정을 못했을지라도, 내 자신에 대해서 결정하고 나에게 유용한 것을 추구하도록 나에게 허용했다." 지혜는 신성함이 아니다. 철학은 종교도 도덕도 아니다. 타인들의 것이 아닌 바로 구원해야 할 내 자신의 삶이다. 신이나 인간의 이해 관계가 아닌 지켜내야 할 내 스스로의 이해 관계이다. 적어도 그것이 출발점이 된다. 내가 그 여정에서 신 역시 만날 수 있음도 가능한 일이다. 인간성도 있을 법하다.

그러나 결국 그렇다고 나에게 주어진 이 삶, 자유, 통찰력, 행복을 결코 단념하지는 않을 것이다.

어떻게 사는가? 이것은 철학이 생긴 이래로 늘 직면하는 문제이다. 지혜가 그 답이 될 수도 있지만 구체화된, 체험된, 실현 중인 지혜일 것이다. 즉 각자가 자신의 지혜를 개발하는 것이다. 그것이 바로 삶의 기술인 윤리가 우리의 의무에만 관련되는 도덕과 구별되는 점이다. 함께할 수 있고 그래야만 하는 것이 자명하다. 어떻게 살 것인지 자문해 보는 것, 그것 역시 어떤 자리를 자신의 의무에 부과할 것인지 자문해 보는 일이다. 두 목표가 많이 다르지는 않다. 도덕은 다음의 질문에 부합한다. **"내가 무엇을 해야만 하는가?"** 윤리는 다음의 질문에 부합한다. **"어떻게 살아야 하는가?"** 도덕은 덕이나 신성함에서 절정에 달한다. 그리고 윤리는 지혜나 행복에서 절정에 달한다. 살인하지 말라, 도둑질하지 말라, 거짓말하지 말라? 좋다. 그렇지만 누가 그것으로 만족할 것인가? 누가 거기에서 충만한 행복을 보는가? 자유는 충분한가? 안녕은 충분한가? 한 친구는 나에게 말했다. "에이즈에 걸리지 않기, 그것이 존재의 충분한 목표는 아니다." 물론 그가 옳지만 살인하지 않고 도둑질하지 않고 거짓말하지 않는 것 그 이상도 아니다. 어떤 **'하지 말라'**도 충분한 것은 아니고, 그러므로 우리의 지혜가 필요하다. 그러므로 도덕이 충분하지 않기에, 의무가 충분하지 않기에, 미덕이 충분하지 않기 때문에 도덕이 요구된다. 그렇지만 누가 복종하는 것으로 그치겠는가? 도덕은 아니라고 말하고, 누가 제 금기로 그치겠는가? 사랑이 더 낫다. 인식이 더 낫다. 자유가 더 낫다. 그것은 **예**라고 긍정하는 것이다. 즉 자신에게, 타인들에게, 세상에, 그 모두에게 예라고 하고, 그것이 지혜가 의미하는 바이다. 그것은 스토아학파에 이어 니체가 말한 '**운명적 사랑**'이다. 즉 "과거에도 미래에도 영원히 기존의 것과 다른 어느것도 원하지 않는 것, 불가피함을 감내하는 것으로 그치지 않는 것, 하물며 그것을 인정하지 않는 것——모든 이상주의는 필연 앞에서 자신을 속이는 방식이다——, 그렇지만 **그것을 사랑하는** 것이다."

이것이 저항을 막지 못한다. 이것이 투쟁을 막지는 못한다. 세상에 예라고 말하는 것, 그것은 거기에 속하는 제 자신의 저항에, 제 행동에 예라고 역시 말하는 것이다. 카뮈나 카바예를 보라. 현실을 변형시키는가? 이것은 무엇보다 변함없이 받아들이는 것을 전제한다. 아직 존재하지 않는 것을 일어나게 하라. 이것은 무엇보다 기존의 것에 대해 연습하는 것을 전제로 한다. 어느 누구도 달리 행동할 수는 없다. 어느 누구도 달리 성공할 수는 없다. 지혜는 유토피아가 아니다. 어떤 유토피아도 현명한 것은 아니다. 세상은 꿈꾸는 것이 아니라 변형시켜야 할 무엇이다. 지혜는? 그것은 무엇보다 진리와 행동에 대한 어떤 관계, 강력한 통찰력, 실현중인 능동적인 인식이다. 사물들을 있는 그대로 보고 원하는 것을 아는 것. 거짓말을 하지 말라. 가장하지 말라. 마르쿠스 아우렐리우스도 "비극 연기를 하지 말라"고 말했다. 인식하고 수용하라. 이해하고 변화시켜라. 저항하고 극복하라. 실제로 무엇보다 존재를 받아들인다 하더라도 어느 누구도 과감히 맞설 수 없기에. 아픈 것을 받아들이지 않는 한 어떻게 자신을 돌보는가? 그것이 존재하는지 알지못하는 한 어떻게 불의에 저항하는가? 실재는 받아들이거나포기하는 것이고, 어떤 사람도 그것을 우선 받아늘이는 조건에서만 변형시킬 수 있을 뿐이다.

스토아학파의 정신은 우리에게 달린 문제가 아닌 것을 수용하기, 그리고 우리에게 좌우되는 것을 행동하기이다. 스피노자의 정신은 인식, 이해, 행동이다. 예를 들어 프라즈난파드나 동양의 현인들의 정신, 그것은 "기존의 것을 알고 수용하기, 그리고 그것을 바꾸려고 노력하는 것이다." 현인들은 우리가 단지 희망하거나 동요하는 것만 알 때 행동하는 사람이다. 우리가 아직 존재하지 않는 것을 희망하고, 아직 존재하지 않거나더 이상 존재하지 않는 것에 후회하기만 할 때 기존의 것과 맞선다. 프라즈난파드는 여전히 다음처럼 말한다. 즉 "완성된 것은 과거에 이루어졌다. 그리고 지금 존재하는 것은 아니다. 도달해야만 하는 것은 미래이고 지금은 존재하지 않는다. 여기그리고 지금 존재하는 것이지 다른 것은 없다. 현재에 머무르라. 즉 행동, 행동, 행동에 옮겨라!" 삶을 희망하는 대신 제 삶을 사는 것이다. 그것을 기다리는 대신 가능한 한 제 구원을 하는 것이다.

지혜는? 최대한의 행복, 최대한의 명석함. 그리스인들의 말처럼 그것은 선한 삶이지만 인간적인 삶이다. 달리 말하면 책임감이고 존엄한 삶이다. 즐기는 것은? 물론. 즐거워하는 것은? 가능한 한 최대한. 그렇지만 아무렇게나 하는 것은 아니다. 대가가 얼마가 되든. 스피노자는 "기쁨을 주는 모든 것이 좋은 것이다"라고 말했다. 모든 기쁨에는 우열이 없다. 에피쿠로스는 "모든 쾌락은 선한 것이다"라고 말한다. 이것은 모든 것이 되찾아야 할 필요가 있다는 것도, 모든 것이 받아들일 수 있다는 것도 의미하지는 않는다. 그러므로 여전히 에피쿠로스의 말처럼 유리한 조건과 단점을 선별하고 구분해야만 한다. 달리 말하면 판단해야만 한다. 지혜가 쓰이는 곳이다. 철학 역시 그리고 철학에 의해 쓰이는 곳이다. 시간을 보내기 위해, 자신을 가치 있게 하기 위해, 관념들과 유희하기 위해 철학을 하는 것은 아니다. 그러니까 제 몸과 영혼을 구원하기 위한 철학이다.

지혜는 또 다른 삶을 위한 것이 아니라 삶 자체를 위한 구원이다. 우리가 그것이 가능한가? 결코 완벽하게, 틀림없이 그런 것은 아니다. 그렇다고 우리가 지혜에 접근하는 것을 단념해야 할 이유는 못된다. 어느 누구도 완전히 지혜로울 수는 없다. 그렇다고 누가 완전히 무모함을 감수하겠는가? 스토아학파들이 이르길 네가 앞으로 나아가고 싶다면 네가 어디로 가는지 알아야만 한다. 지혜가 목표이다. 즉 삶이 목표이지만 좀더 행복하고 명석한 삶이다. 행복이 목표이지만 진리 속에서 체험하는 삶이다.

그럼에도 현실과 우리를 분리하는 그 이상의 이상, 그 이상의 희망, 그 이상의 유토피아로 지혜를 이행하지 않도록 주의하라. 지혜는 기다리거나 도달해야만 하는 또 다른 삶이 아니다. 인식하고 사랑해야만 되는 삶에 대한 진리이다. 지혜가 사랑스럽기 때문인가? 꼭 그렇지도 늘 그런 것도 아니다. 그렇지만 지혜가 그렇게 되기 위함이다.

몽테뉴가 이르길 "지혜의 가장 분명한 증거는 항구적인 기쁨이다. 그리고 그것의 상태는 달 위와 같아서 항상 청명하다." 그리고 소크라테스·에피쿠로스("철학하면서 웃어야 한다")·데카르트·스피노자·디드로·알랭…… 역시 인용할 수도 있다. 모두가 지혜를 쾌락·기쁨·행동·사랑의 편에 있다고 말했다. 그리고 행운이 그것을 감당할 수 없다.

그것은 현자가 삶을 더 많이 사랑하는 우리보다 더 행복한 때문이 아니다. 그것은 그가 행복하기보다는 더 많이 삶을 사랑하기 때문이다.


지혜롭지 못하나 분별 있는 수습생인 우리에게는 철학자들로부터 살고 생각하며 사랑하는 법을 배우는 일이 남아 있다. 그것은 결코 끝이 없으므로 우리는 항상 철학이 필요하다.

이것은 노력 없이는 안 되지만 기쁨 또한 있다. 에피쿠로스가 쓰길 "다른 모든 활동에서도 이것은 고통 속에서 수행한 작업에 이어오는 열락이다. 그렇지만 철학에서의 쾌락이 인식과 같은 것은 아니다. 왜냐하면 그것은 사람들이 아는 바를 즐긴 다음에야 오는 것이 아니라 배움과 즐김은 함께하기 때문이다."

믿음을 가져라! 그러므로 진리는 여정의 끝이 아니라 여정 자체이다.

# 참고 문헌

　나는 무엇보다 하나의 길잡이가 되기 바라는 본서가 참고 문헌들이 너무 수적으로 많기도 하고 부담스럽게 느낄 수도 있을 것 같아서 페이지 하단에 주를 다는 방법을 피했다. 독자들은 이어지는 페이지에서 장별로 나열된 참고 문헌들을 찾아보게 될 것이다. 내가 언급하는 대부분의 저서들은 내가 평소에 참고하거나, 특히 좀더 심도 있는 성찰을 위해서는 꼭 필요하다고 생각하는 것들로 이루어져 있다. 그러므로 이것은 참고 문헌이기보다는 독서에 관한 나의 조언이라고 볼 수 있다. 인용한 출판사들은 참고로(될 수 있는 한 구하기 쉬운 문고판으로 된 책을 우선했다) 한 것뿐이다. 가장 접근하기 용이한 책과 우선 읽어야 될 책에는 * 표를 했다. 반대로 가장 어려운 책에는 ** 표를 했는데, 이것들은 맨 나중에 읽는 것이 더 나을 것이다. * 표가 없는 것은 중간 정도 수준의 책이다. 거기에는 어떤 질적인 등급이 있다는 의미는 결코 아니다. 걸작들도 있고, 매우 까다로운 책들도 있다. 난해한 책들(여기에는 없다)이 결코 걸작인 것은 아니다. 여하튼 특별한 노고를 요하지 않는 철학 읽기란 존재하지 않는다. 이것은 철학에서 기쁨을 찾을 수 없음을 의미하는 것이 아니라 철학에서의 기쁨과 노력은 공존한다는 말이다.

서 문

Platon, *Apologie de Socrate*＊, trad. E. Chambry, G.-F., 1965.

Épicure, *Lettres et maximes*, trad. M. Conche, PUF, 1987.

Marc Aurèle, *Pensées pour moi-même*＊, trad. M. Meunier, G.-F., 1964(또한 L.-L. Grateloup가 *Soliloques*라는 제목으로 번역한 훌륭한 책도 있다. Le Livre de Poche, 1998).

Montaigne, *Essais*(철자법을 현대식으로 고친 R. Barral과 P. Michel 판본 덕분에 읽기가 훨씬 쉬워졌다. 가급적 나는 학생들에게 Ⅲ권부터 시작할 것을 권유한다. Le Seuil, Coll. 〈L'Intérale〉, 1967).

Descartes, *Discours de la méthode*＊(문고판으로 된 수많은 판본을 찾아볼 수 있는 책이지만 3권으로 이뤄진 가르니에사의 알퀴에 판 *Œuvres philosophiques*을 특히 강조하고 싶다, 1963, 1967, 1973).

Pascale, *Pensées*＊(첫 입문을 위한 가장 쉬운 판본은 *Pensées et opuscules*이다. Léon Brunschvicg, Hachette, 1897, rééd 1967. 그리고 *Pensées*와 분리된 판본은 매우 요긴한 그의 주석이 불행히도 삭제되어 있다. Le Livre de Poche, 1962).

Spinoza, *Traité de la réforme de l'entendement*, éd. Ch. Appuhn, t. 1, *Œuvres*, G.-F., 1964.

Kant, *Opus posthumum*＊, trad. F. Marty, PUF, 1986. 또한 S. Piobetta, Denoël가 번역한 소책자 *La philosophie de la histoire*에서의 〈Qu'est-ce que les Lumières?〉를 참고. coll. 〈Méditations〉,

1984.

Hegel, *Phénoménologie de l'esprit* **, trad. J.-P. Lefebvre, Aubier, 1991.

Nietzsche, *Le gaie savoir*, trad. A. Vialatte, Gallimard, rééd. coll. 〈Folio-Essais〉, 1982(J. Lacoste, J. Le Rider의 훌륭한 판본 *Œuvres* 역시 환기시키고 싶다. 2 volumes, Robert Laffont, coll. 〈Bouquins〉, 1993).

Alain, *Éléments de philosophie* *, Gallimard, rééd. coll. 〈Folio-Essais〉, 1990(동일한 저서가 〈*81 chapitres sur l'esprit et les passions*〉 이란 제목으로 *Les passions et la sagesse* 속에서도 반복. 〈Bibliothèque de la Pléiade〉, 1960).

André Comte-Sponville, *Une éducation philosophique*, PUF, 1989. *L'amour la solitude* * 역시 참고. Albin Michel, 2000.

Gilles Deleuze, Félix Guattari, *Qu'est ce que la philosophie?* **, Éditions de Minuit, 1991.

Pierre Hadot, *Qu'est-ce que la philosophie antique?*, Gallimard, coll. 〈Folio-Essais〉, 1995.

Michel Meyer, *Qu'est-ce que la philosophie?*, Le Livre de Poche, 1997.

Jean-Pierre Faye, *Qu'est-ce que la philosophie?*, Armand Colin, 1997.

Dominique Lecourt, 〈Qu'est-ce donc que la philosophie?〉, in *Déclarer la philosophie*, PUF, 1997.

Luc Ferry, Alain Renault, *Philosopher à 18 ans*, Grasset, 1999.

Marcel Conche, *Le sens de la philosophie*, Encre marine, 1999.


## 1. 도덕

Platon, *La République*(특히 책 II와 X), trad. R. Baccou, G.-F., 1966.

Aristote, *Éthique à Nicomaque*, trad. J. Tricot, Vrin, 1979, rééd. 1994.

Épictète, *Manuel* * 와 *Entretiens* *, trad. É. Bréhier, in *Les Stoïciens*, Gallimard, rééd. coll. 〈Tel〉, 1997.

Baruche de Sponoza, *Éthique* **, trad. Ch. Appuhn, G.-F. (*Œuvres*의 3권), 1965.

Rousseau, *Discours sur l'origine de l'inégalité parmis les hommes* *, Gallimard, coll. 〈Folio-Essais〉, 1989.

David Hume, *Enquête sur les principes de la morale*, trad. Ph. Baranger와 Ph. Saltel, G.-F., 1991.

Kant, *Fondation de la métaphysique des mœurs*, trad. A. Renaut, G.-F., 1994.

도덕과 종교에 대해서라면 *La Religion dans les limites de la simple raison*(특히 첫 판본의 서문)를 참고할 것, trad. J. Gibelin, Vrin, 1972.

Arthur Schopenhauer, *Le fondement de la morale*, trad. A.

Roger, Aubier-Montaigne, 1978.

John Stuart Mill, *L'Utilitarisme*, trad. G. Tanesse, Flammarion, coll. 〈Champs〉, 1988.

Friedrich Nietzsche, *Généalogie de la morale*, trad. H. Albert, Gallimard, coll. 〈Folio-Essais〉, 1987.

Ludwig Wittgenstein, 〈Conférence sur l'éthique〉, in *Leçons et conversation*, Gallimard, coll. 〈Folio-Essais〉, 1992.

Jean-Paul Sartre, *Cahiers pour une morale*, Gallimard, 1983.

Michel Foucault, *Le souci de soi, Histoire de la sexualité*, 3, Gallimard, 1984, rééd. coll. 〈Tel〉, 1997.

Emmanuel Lévinas, *Éthique et infini*, Le Livre de Poche, coll. 〈Biblio-Essais〉, 1984.

Vladimir Jankélévitch, *Traité des vertus*, Flammarion, coll. 〈Champs〉, 1986.

Hans Jonas, *Le Principe Responsabilité*(기술 문명에 대한 윤리학), trad. J. Greisch, Le Cerf, 1993.

Paul Ricœur, *Soi-même comme un autre* **, Le Seuil, 1990, rééd. coll. 〈Points-Essais〉, 1996(7에서 9를 특히 참조).

Marchel Conche, *Le fondement de la morale*, rééd. PUF, 1993.

André Comte-Sponville, *Petit traité des grandes vertus* *, PUF, 1995.

Monique Canto-Sperber(총지휘하의), *Dictionnaire d'éthique et de philosophie morale*, PUF, 1996.

## 2. 정치

Platon, *La République*, trad. R. Baccou, G.-F., 1966.

Aristote, *Les Politiques*, trad. P. Pellegrin, G.-F., 1990.

Machiavel, *Le Prince*＊, trad. Y. Lévy, G.-F., 1980.

La Boétie, *Discours de la servitude volontaire*＊, G.-F., 1983.

Montaigne, ⟨De l'utile et de l'honnête⟩, in *Essais*, III, 1.

Hobbes, *Léviathan*, trad. F. Tricaud, Sirey, 1971.

Pascal, *Pensées sur la politique*＊, 앙드레 콩트 스퐁빌이 선별하고 소개한 텍스트. Rivages Poche, 1992.

Spinoza, *Traité politique*, trad. Ch. Appuhn, G.-F.,(Œuvres의 4권), 1966.

Locke, *Traité du gouvernement civil*, trad. D. Mazel. G.-F., 1984.

Montesquieu, *De l'esprit des lois*, G.-F., 1979.

Rousseau, *Du contrat social*, G.-F., 1966.

Kant, *La philosophie de l'histoire*, S. Piobetta, Denoël가 번역한 소책자. coll. ⟨Méditations⟩, rééd. 1984.

Hegel, *Principes de la philosophie du droit*＊＊, trad. J.-F. Kervégan, PUF, 1998.

Benjamin Constant, *Principes de politique*, Hachette, coll. ⟨Pluriel⟩, 1997.

Tocqueville, *De la démocratie en Amérique*, rééd. G.-F., 1981.

Karl Marx, Friedrich Engels, *Manifeste du parti communiste*\*, trad. L. Lafargue, Éditions sociales, 1972.

Alain, *Propos sur les pouvoirs*\*, Gallimard, coll. 〈Folio-Essais〉, 1985.

Max Weber, *Le savant et le politique*, 10/18, 1963.

John Rawls, Théorie de la justice, trad. C. Audard, Seuil, 1987.

Albert Camus, *L'homme révolté*\*, Gallimard, coll. 〈Folio-Essais〉, 1985.

Régis Debray, *Critique de la raison politique*, Gallimard, 1981.

공화주의와 민주주의의 차이를 알려면 *Contretemps, Éloges des idéaux perdus*의 첫 텍스트 참조. Gallimard, coll. 〈Folio-actuel〉, 1992.

Karl Popper, *La société ouverte et ses ennemis*, trad. J. Bernard 와 Ph. Monod, Seuil, 1979.

Philippe Raynaud, Stéphane Rials(지휘하의), *Dictionnaire de philosophie politique*, PUF, 1996.

Alain Renault(지휘하의), *Histoire de la philosophie politique*, Calmann-Lévy, 1999(5권).

## 3. 사랑

Platon, *Le Banquet*\*, trad. E. Chambry, G.-F., 1964(*Phèdre* 역

시 참고).

Aristote, *Éthique à Nicomaque*, trad. J. Tricot, Vrin, 1979(*Éthique à Eudème, Rhétorique* II, 4권 역시 참고).

Montaigne, *Essais*(특히 I권 28).

Descartes, *Les passions de l'âmes*, G.-F., 1996.

Spinoza, *Éthique* ** (trad. Ch. Appuhn, G.-F.).

Schopenhauer, *Méthphysique de l'amour, Monde comme volonté et comme représentation* IV권의 부록, trad. A. Burdeau와 R. Roos, PUF, 1996.

Georg Simmel, *Philosophie de l'amour*, trad. S. Cornille와 P. Ivernel, Rivages, coll. 〈Petite Bibliothèque〉, 1988.

Freud, *Malaise dans la civilisation* *, trad. Ch.와 J. Odier, PUF, 1971.

Alain, *Les sentiments familiaux* in *Les passions et la sagesse*, Gallimard, coll. 〈Bibliothèque de la Pléiade〉, 1960.

Simone Weil, *La pesanteur et la grâce* *, Plon, 1948, rééd. Pocket, 1991.

Denis de Rougemont, *L'amour et l'Occident* *, rééd. 10/18, 1974.

Jankélévitch, *Les vertus et l'amour*(*Traité des vertus* II), Flamma-rion, coll. 〈Champs〉, 1986.

André Comte-Sponville, *L'amour la solitude* *, Paroles d'Aube, 1992, rééd Albin Michel, 2000(*Petit traité des grandes vertus* ** 18

장 역시 참고).

## 4. 죽음

Platon, *Phédon*\*, trad. E. Chambry, G.-F., 1965.

Épicure, *Lettres et maximes*\*, trad. M. Conche, PUF, 1987.

Lucrèce, *De la nature*(책 Ⅲ권), trad. J. Kany-Turpin, G.-F., 1997.

Sénèque, *Lettres à Lucilius*, trad. M.-A. Jourdan-Gueyer, G.-F., 1992.

Marc Aurèle, *Pensées pour moi-même*\*, trad. M. Meunier, G.-F., 1964(혹은 *Soliloques*, trad. L.-L. Grateloup, Le Livre de Poche, 1998).

Montaigne, *Essais*(특히 Ⅰ권 20과 Ⅲ권 9).

Pascal, *Pensées*\*.

Freud, 〈Au-dela du principe de plaisir〉와 〈Considérations actuelles sur la guerre et sur la mort〉, in *Essais de psychanalyse*, trad. J. Laplanche, J.-B. Pontalis, Payot, 1981.

Jankélévitch, *La mort*, Flammarion, coll. 〈Champs〉, 1977.

Marcel Conche, 〈La mort et la pensée〉, in *Orientation philosophique*, PUF, 1990.

Françoise Dastur, *La mort, Essais sur la finitude*, Hatier, coll. 〈Optiques philosophie〉, 1994(*Comment vivre avec la mort?* 역시 참

고. Pleins Feux, 1998).

Vincent Cordonnier, *La mort* \*, Quintette, 1995.

## 5. 인식

Platon, *La République*, trad. R. Baccou, G.-F., 1966.

Montaigne, *Apologie de Raymond Sebond*(*Essais*, II, 12).

Descartes, *Discours de la méthode* \*.

Pascal, *De l'esprit géométrique et de l'art de persuader* \*.

Spinoza, *Traité de la réforme de l'entendement*, trad. Ch. Appuhn, G.-F., 1965.

Locke, *Essais philosophique concernant l'entendement humain*, trad. M. Coste, 1755, Vrin, 1972.

Leibniz, *Nouveaux essais sur l'entendement humain*, G.-F., 1990.

Hume, *Enquête sur l'entendement humain*, trad. A. Leroy와 M. Beyssade, G.-F., 1983(가장 접근이 용이한 책이지만 대표작은 물론 *Traité de la nature humaine*이다. trad. A. Leroy, Aubier, 1983)

Kant, *Critique de la raison pure* \*\*, trad. A. Tremesaygues와 B. Pacaud, PUF, coll. 〈Quadrige〉, 1990. 또한 S. Piobetta, Denoël이 번역한 소책자, *La philosophie de la l'histoire*에서의 〈Qu'est-ce que les Lumèires?〉에 대한 답변을 참고할 것. coll. 〈Méditations〉, rééd. 1984.

Nietzsche, *Le gai savoir*, trad. A. Vialatte, Gallimard, rééd. coll. 〈Folio-Essais〉, 1990.

Heidegger, 〈De l'essence de la vérité〉, in *Questions* I, trad. A. De Waelhens와 W. Biemel, Gallimard, rééd. coll. 〈Tel〉, 1990.

Alain, *Entretiens au bord de la mer\**, Gallimard, 1949, rééd. coll. 〈Folio-Essais〉, 1998.

Gaston Bachelard, *La formation de l'esprit scientifique*, rééd. Vrin, 1993(*L'activité rationaliste de la physique contemporaine*, ch. I 참고).

Karl Popper, *La logique de la découverte scientifique*, trad. N. Thyssen-Tutten과 Ph. Devaux, Payot, 1973.

André Comte-Sponville, *Valeur et vérite*(견유학파 연구), PUF, 1994.

Francis Wolff, *Dire le monde\*\**, PUF, 1997.

Psacal Engel, *La vérite, Réflexion sur quelques truismes*, Hatier, coll. 〈Optiques philosophie〉, 1998.

Jean-Michel Besnier, *Les théories de la connaissance*, Flammarion, 1996.

Dominique Lecourt(지도하의), *Dictionnaire d'histoire des sciences*, PUF, 1999.

6. 자유

Platon, *La République*(에르 신화는 책 X권에 나온다), trad. R. Baccou, G.-F., 1966.

Aristote, *Éthique à Nicomaque*, trad. J. Tricot, rééd. Vrin, 1994.

Épictète, *Entretiens* *, trad. É. Bréhier, in *Les Stoïciens*, Gallimard, rééd. coll. 〈Tel〉, 1997.

Hobbes, *Le citoyen*, trad. S. Sorbière, 1649, rééd. G.-F., 1982.

Descartes, *Correspondance*(가장 유용한 판본은 이미 언급했던 알퀴에의 *Œuvres philosophiques*이다. Garnier, 1963-1973. 그리고 〈Liberté〉의 색인도 참고할 것).

Spinoza, *Lettres*, trad. Ch. Appuhn(Œuvres의 4권)과 *Éthique* I권의 부록 참고.

Leibniz, *Essais de théodicée*, G.-F., 1969.

Voltaire, *Dictionnaire philosophique* *, G.-F., 1964.

Kant, *Critique de la raison pratique* **, trad. F. Picavet, PUF, coll. 〈Quadrige〉, 5번째 출판., 1997.

Schopenhauer, *Essai sur le libre arbitre*, trad. S. Reinach, D. Raymond의 개정판, Rivages, 1992.

Bergson, *Essai sur les données immédiates de la conscience*, rééd. PUF, coll. 〈Quadrige〉, 1997.

Alain, *Histoire de mes pensées* *, in *Les arts et les dieux*, Gallimard, 〈Bibliothèque de la Pléiade〉, 1958.

Jean-paul Sartre, 〈La liberté cartésienne〉, in *Situations philosophiques*, Gallimard, rééd. coll. 〈Tel〉, 1990(*L'existentialisme est un hu-*

*manisme* \*, Gallimard, coll. 〈Folio-Essais〉, 1996. *L'étre et néant* \*\*, Gallimard, rééd. coll. 〈Tel〉, 1976).

Marcel Conche, *L'aléatoire*, rééd. PUF, 1999.

Karl Popper, *L'univers irrésolu, Plaidoyer pour l'indéterminisme*, trad. R. Bouveresse, Hermann, 1984.


## 7. 신


Aristote, *Métaphysique* \*\* (특히 책 A를 보라), trad. J. Tricot, Vrin, 1981.

Descartes, *Méditations métaphysiques* \*.

Spinoza, *Éthique* \*\*, trad. Ch. Appuhn, G.-F., 1965.

Pascal, *Pensées* \*

Malebranche, *Conversations chrétiennes*, Gallimard, coll. 〈Folio-Essais〉, 1994.

Leibniz, *Monadologie* \*\*, *Discours de métaphysique* \*\*, rééd. Gallimard, coll. 〈Tel〉, 1995(두껍지 않은 이 두 저서가 한 권으로 합쳐져 철학사의 가장 완벽한 걸작을 이룬다). *Essais de théodicée* 역시 참고. G.-F., 1969 .

Hume, *Dialogues sur la religion naturelle*, trad. M. Malherbe, Vrin, 1987.

Rousseau, *Profession de foi du Vicaire savoyard* \*, in *Émile ou de l'éducation*.

Kant, *Critique de la raison pure* ** (선험적 변증법, II, 3: ⟨L'Idéal de la raison pure⟩). *La Religion dans les limites de la simple raison*, trad. J. Gibelin, Vrin, 1972.

Kierkegaard, *Crainte et tremblement*, trad. P.-H. Tisseau, Aubier, coll. ⟨Bibliothèque philosophique⟩, 1984.

Bergson, *Les deux sources de la morale et de la religion*, PUF, rééd. coll. ⟨Quadrige⟩, 1997.

Alain, Les Dieux **, Gallimard, rééd. coll. ⟨Tel⟩, 1985(마지막 부분인 ⟨Christophore⟩는 내가 아는 한 기독교에 관한 가장 훌륭한 저서이다).

Heidegger, ⟨Idendité et différence⟩, in *Questions* I. A. trad. Préau, Gallimard, 1968, rééd. coll. ⟨Tel⟩, 1990(*Le Principe de raison* 참고. trad. A. Préau, Gallimard, 1962, rééd. coll. ⟨Tel⟩, 1983).

Wittgenstein, *Carnets*, trad. G.-G. Granger, Gallimard, 1971.

Simone Weil, *Attente de Dieu*, rééd. Fayard, 1985.

Emmanuel Lévinas, *De Dieu qui vient à l'idée*, Vrin, rééd. 1992.

Jean-Luc Marion, *Dieu sans l'être*, rééd. PUF, coll. ⟨Quadrige⟩, 1991.

Bernard Sève, *La question philosophique de l'existence de Dieu*, PUF, 1994.


## 8. 무신론

Lucrèce, *De la nature*, trad. J. Kany-Turpin, G.-F., 1997.

Hume, *Dialogues sur la religion naturelle*, trad. M. Malherbe, Vrin, 1987.

Diderot, *Entretien d'un philosophe avec la Maréchale de \*\*\**, Actes Sud, 1991.

Paul Henri Thiry d'Holbach, *Le bon sens*, Éditions rationalistes, 1971.

Ludwig Feuerbach, *L'essence du christianisme*, trad. J.-P Osier, rééd. Gallimard, coll. 〈Tel〉, 1992.

Schopenhauer, *Sur la religion*, trad. E. Osier, G.-F., 1996.

Karl Marx, Friedrich Engels, *Sur la religion*(G. Badia, P. Bange, É. Bottigelli가 선별해 번역하고 주를 단 텍스트. Éditions sociales, 1968.

Nietzsche, *Le gai savoir*, trad. A. Vialatte, Gallimard, 1950, rééd. coll. 〈Folio-Essais〉, 1990. 또한 *L'Antéchriste* 역시 참고. trad. H. Albert, Mercure de France, rééd. 1970.

Freud, *L'avenir d'une illusion*, trad. M. Bonaparte, PUF, rééd. coll. 〈Quadrige〉, 1996.

Alain, *Propos sur la religion* \*, rééd. PUF, 1969.

Sartre, *L'existentialisme est un humanisme* \*, rééd. Gallimard, coll. 〈Folio-Essais〉, 1996.

Albert Camus, *Le mythe de Sisyphe* \*, Gallimard, rééd. coll. 〈Folio-Essais〉, 1985.

Marcel Conche, *Orientation philosophique*, PUF, 1990.

Robert Joly, *Dieu vous interpelle? Moi, il m'évite···(Les raisons de l'incroyance)*, Espace de libertés, Bruxelles, Éditions EPO, 2000.

## 9. 예술

Aristote, *Poétique*, trad. J. Hardy, Les Belles Lettres, 1990.

Diderot, *Œuvres esthétiques* *, Laffont, coll. 〈Bouquins〉, 1996.

Kant, *Critique de la faculté de juger* ** (특히 I부), trad. A. Renault, Aubier, 1995.

Schopenhauer, *Le monde comme volonté et comme représenta-tion*, trad. A. Burdeau, R. Roos, PUF, 1996, rééd. 1978(특히 책 III권).

Hegel, *Esthétique*, trad. S. Jankélévitch, Flammarion, coll. 〈Champs〉, 4권, 1979.

Schelling, *Textes esthétiques*, trad. A. Pernet, Klincksieck, 1978.

Nietzsche, *La naissance de la tragédie*, trad. C. Heim, Denoël, coll. 〈Méditations〉, rééd. 1984.

Alain, *Système des beaux-arts*, Gallimard, coll. 〈Tel〉, 1983.

Heidegger, 〈L'origine de l'œuvre d'art〉, in *Chemins qui ne mènent nulle part*, trad. W. Brokmeier, Gallimard, coll. 〈Tel〉, rééd. 1997.

Jean Lacoste, *La philosophie de l'art* *, PUF, coll. 〈Que sais-je?〉, rééd. 1988.

Luc Ferry, *Homo estheticus, L'invention du goût à l'âge démocratique*, Grasset, 1990, rééd. Le Livre de Poche, 1991(수정되고 설명이 첨가된 판본, *Le sens du beau\**, Le Cercle d'Art, 1998).

Michel Haar, *L'œuvre d'art, Essai sur l'ontologie des œuvres*, Hatier, coll. 〈Optiques Philosophie〉, 1994.

Renée Bouveresse, *L'expérience esthétique*, Armand Colin, 1998.

## 10. 시간

Aristote, *Physique\*\**, IV, trad. H. Carteron, Les Belles Lettres, 1983.

Plotin, *Ennéades*, III, 7(〈De l'éternité et du temps〉), trad. É. Bréhier, Les Belles Lettres, 1981.

Saint Augustin, *Confessions\**, XI, trad. J. Trabucco, G.−F., 1964.

Kant, *Critique de la raison pure\*\** (선험적 미학).

Bergson, *Matière et mémoire*, PUF, rééd. coll. 〈Quadrige〉, 1982.

Husserl, *Leçons pour une phénoménologie de la conscience in−time du temps*, trad. H. Dussort, PUF, rééd. 1983.

Heidegger, *Être et temps\*\** (E. Martineau, Authentica의 비매품용 번역을 제외하고는 불행히도 찾을 수가 없다. F. Vézin, Gallimard, 1986의 번역은 난해하다. 또한 Françoise Dastur의 뛰어난 *Heidegger* *et la question du temps*란 소책자를 읽어볼 필요가 있다. PUF, 1990).

Gaston Bachelard, *L'intuition de l'instant*, Denoël, coll. 〈Méditations〉, rééd. 1985.

Maurice Merleau-Ponty, *Phénoménologie de la perception*(특히 III, 2), Gallimard, 1945, rééd. coll. 〈Tel〉, 1976.

Victor Goldschmidt, *Le système stoïcien et l'idée de temps*, Vrin, rééd. 1985.

Marcel Conche, *Temps et destin*, 1980, rééd. PUF, 1992.

Marc Wetzel, *Le Temps*, Quintette, 1990.

Nicolas Grimaldi, *Ontologie du temps*, PUF, 1993.

André Comte-Sponville, *L'être-temps*, PUF, 1999.


11. 인간


Montaigne, *Essais*(내가 앞서 언급한 좀더 편리한 현대식 정서법으로 바꾼 R. Baral과 P. Michel의 판본. 책 III권부터 시작할 것을 권한다. 〈L'Intégrale〉, Seuil, 1967).

Pascal, *Pensées* * .

Hume, *Traité de la nature humaine* ** , trad. A. Leroy, Aubier, 1983.

Rousseau, *Discours sur l'origine et les fondements de l'inégalité parmi les hommes* * .

Kant, *Anthropologie du point de vue pragmatique* ** , trad. M.

Foucault, Vrin, 1979.

Heidegger, ⟨Lettres sur l'humanisme⟩, trad. R. Munier, in *Questions* III, Gallimard, rééd. coll. ⟨Tel⟩, 1996.

Sartre, *L'existentialisme est un humanisme*＊, rééd. Gallimard, coll. ⟨Folio-Essais⟩, 1996.

Simone de Beauvoir, *Le deuxième sexe*, Gallimard, 1949, rééd. coll. ⟨Folio-Essais⟩, 1986.

Claude Lévy-Strauss, *La pensée sauvage*, Plon, 1962(특히 IX장을 보라).

Lévinas, *Humanisme de l'autre homme*, Fata Morgana, 1972, rééd. Le Livre de Poche, coll. ⟨Biblio-Essais⟩, 1987.

Louis Althusser, *Pour Marx*, Maspero, 1965. in *Positions*의 ⟨Soutenance d'Amiens⟩을 보라. Éditions sociales, 1976.

Edgar Morin, *Le paradigme perdu: la nature humaine*, Seuil, 1973, rééd. coll. ⟨Points-Essais⟩, 1979.

Michel Foucault, *Les mots et les choses*(《인문학의 고고학》), Gallimard, 1966.

Jean-Michel Besnier, *L'Humanisme, déchiré*, Descartes & Cie, 1993.

Luc Ferry, *L'homme-dieu ou le sens de la vie*＊, Grasset, 1996, rééd. Le Livre de Poche, 1997.

André Comte-Sponville, Luc Ferry, *La sagesse des Modernes* (《우리 시대에 관한 열 가지 물음》), Robert Laffont, 1998, rééd.

Pocket, 1999.

Tzvetan Todorov, *Le jardin imparfait*(《프랑스에서의 인본주의적 사고》), Grasset, 1998.

Luc Ferry, Jean-Didier Vincent, *Qu'est-ce que l'homme?*(《생물학과 철학의 기초에 대하여》), Odile Jacob, 2000.

## 12. 지혜

Platon, *Philèbe*, trad. E. Chambry, G.-F., 1969.

Aristote, *Éthique à Nicomaque*, trad. J. Tricot, rééd. Vrin, 1994.

*Les Cyniques grecs, Fragments et témoignages*(L. Paquet가 수집하고 소개한 텍스트. Presses de l'Université d'Ottawa, 1988, rééd. Le Livre de Poche, 1992).

Épicure, 〈Lettres à Ménécée〉, * in M. Conche의 *Lettres et maximes*, trad. rééd. PUF, 1987.

Épictète, *Manuel* * *Entretiens* *, trad. É. Bréhier, in *Les Stoïciens*, rééd. Gallimard, coll. 〈Tel〉, 1997.

Marc Aurèle, *Pensées pour moi-même* *, trad. M. Meunier, G.-F., 1992.

Montaigne, *Essais*(특히 I, 26과 III).

Spinoza, *Éthique* **, trad. Ch. Appuhn, G.-F., 1966.

Schopenhauer, *Aphorismes sur la sagesse dans la vie*, trad. J.-A. Cantacuzène, PUF, rééd. coll. 〈Quadrige〉, 1983. 특히 걸작인

*Le monde comme volonté et comme représentation*를 꼭 보라. trad. A. Burdeau, R. Roos, PUF, rééd. 1978.

Nietzsche, *Ainsi parlait Zarathoustra*, trad. G. Bianquis, G.-F., 1996.

Alain, *Minerve ou de la sagesse* *, Gallimard, 1939.

Albert Camus, *Le Mythe de Sisyphe* *, Gallimard, rééd. coll. 〈Folio-Essais〉, 1985.

Pierre Hadot, *Exercices spirituels et philosophie antique*, 아우구스티누스 연구, rééd. 1987.

Clément Rosset, *La force majeure*, Éditions de Minuit, 1983.

Marcel Conche, *Orientation philosophique*, rééd. PUF, 1990.

André Comte-Sponville, *Traité du désespoir et de la béatitude*, (*Le Mythe d'Icare* * t 1, *Vivre*, t 2), PUF, 1984, 1988.

Jean-Michel Besnier, *Réflexions sur la sagesse*, Le Pommier, 1999.

## 보충 참고 문헌

철학은 철학의 역사로 귀착하지는 않지만 그럼에도 항상 제 독자적인 과거와 구성적·필연적 관계를 유지한다. 불가피하게도 그것은 작가의 인식을 통해서이다. 이 다음 페이지에서는 내가 보기에 가장 위대하게 보이는, 특히 초보자에게는 가장 우선적으로 알아야 될 철학자들에 대해 쉽게 접근할 수 있도록

몇 권의 저서들을 소개하고 있다. *표는 필요 없을 것이다. 본
서는 위대한 작가들의 입문에 관한 한 대중에게 접근하기 쉬운
책들만 골랐다. 이 참고 문헌 중의 어떤 책은 이미 절판되었다.
그럼에도 내가 표시한 이유는 무엇보다 이 책들은 도서관에서
매우 쉽게 찾을 수 있기 때문이고, 또 출판업자들에게 그 책들
의 재판——누가 알겠는가?——을 요청하기 위한 희망에서 한
것이다.

소크라테스 이전 철학에 대하여: Catherine Collobert, *Aux
origines de la philosophie*, Le Pommier, 1999.

소피스트들에 대하여: Gilbert Romeyer Dherbey, *Les Sophistes*,
PUF, coll. 〈Que sais-je?〉, 1985.

소크라테스에 대하여: Francis Wolff, *Socrate*, PUF, coll.
〈Philosophies〉, 1985.

플라톤에 대하여: 알랭의 *Ideés*의 〈onze chapitres sur Platon〉
(rééd. Flammarion, coll. 〈Champs〉, 1983.) 또한 똑같은 텍스트가
〈Bibliothèque de la Pléiade〉의 *Les passions et la sagesse*(P. 845-
922)에서도 찾아볼 수 있다. 좀 생경하지만 쉬운 입문서를 원하는
이라면 François Châtelet의 *Platon*(Gallimard, 1965, rééd. coll.
〈Folio-Essais〉, 1989)을 읽기 권한다. 좀더 깊이 있는 책을 원하는
이라면 Léon Robin의 *Platon*(rééd. 1968)를 권한다.

견유학파에 대하여: 최고로 좋은 방법은 Léonce Paquet의 훌륭
한 문집 속을 자유롭게 거니는 것이다. *Les Cyniques grecs*,

*Fragments et témoignages*(Éditions de l'Université d'Ottawa, rééd. Le Livre de Poche, 1992).

아리스토텔레스에 대하여: 우리 시대의 가장 위대한 철학자인 칸트와 그리고 내 취향대로라면 가장 인간적이고 호감이 가는 이 늘 중의 한 사람인 몽테뉴의 작품과 함께하면 좋을 듯하다. 불행히도 입문서는 거의 필수 불가결하다. Joseph Moreau의 *Aristote et son école*(PUF, 1962)나 David Ross의 *Aristote*(trad. J. Samud, Gordon과 Breach, 1971)의 책이 총체적이면서도 훌륭한 시각을 제공한다. 그리고 Pierre Aubenque의 *La Prudence chez Aristote*(PUF, 1963, rééd. coll. 〈Quadrige〉, 1993)에서 철학적 사고로 씌어진 훌륭한 서문—윤리학—을 읽을 수 있다.

에피쿠로스와 에피쿠로스학파들: 최상은 물론 Marcel Conche의 작지만 훌륭한 *Lucrèce*(Seghers, 1967, coll. 〈Philosophes de tous les temps〉, rééd. Éditions de Mégare, 1990)이지만, 그가 번역하고 소개한—대가의 손으로—*Épicure, Lettres et maximes*(M. Conche가 번역하고 주를 단 책. rééd. PUF, 1987)를 대신할 수 없을 것이다.

스토아학파에 대하여: 마르쿠스 아우렐리우스에 중점을 둔 최상의 소개서는 Pierre Hadot의 *La citadelle intérieure*(마르쿠스 아우렐리우스 이념)일 것이다. Fayard, 1992.

피론학파들: *Pyrrhon ou l'apparence*, Marcel Conche, PUF, 1994는 진정한 소개서는 아니지만, 이 책은 접근이 용이하면서도 동시에 훌륭한 책이다.

플로티노스에 대하여: Pierre Hadot, *Plotin ou la simplicité du*

*regard*, Études augustiniennes, 1989.

성(聖) 아우구스티누스에 대하여: 우선 Henri-Irénée Marrou, *Saint Augustin et l'augustinisme*(Seuil, coll. ⟨Maîtres spirituels⟩, 1955, 재판. 1983). 그다음 단계로는 Étienne Gilson의 *Introduction à l'étude de saint Auguststin*(Vrin, 1982)가 훌륭한 안내서가 될 것이다.

몽테뉴에 대하여: 철학자 몽테뉴에 대해서라면 최상의 소개서는 Marcel Conche의 *Mantaigne ou la conscience heureuse*(Seghers, 1964, rééd. Éditions de Mégare, 1992).

홉스에 대해서: 대표적인 걸작인 Léviathan으로 바로 시작할 수도 있지만 또한 Michel Malherbe(입문 그 이상인)의 *Thomas Hobbes*를 읽는 것이 시간을 버는 방법일 것이다(Vrin, 1984).

데카르트에 대하여: 따로 입문서가 필요하지 않으며(**Discours de la méthode**로도 충분할 것이다) 훌륭한 걸작인 **Méditations métaphysiques**에 바로 몰입할 수도 있다. 그럼에도 불구하고 준비를 원하는 이라면 Pierre Guénancia의 두 소책자를 권하고 싶다. 하나는 매우 초보적인 것으로 **Descartes**(Gallimard, coll. ⟨Découvertes⟩, 1996)와 다른 하나는 매우 깊이가 있는 것으로, **Descartes**(Bordas, coll. ⟨philosophie présente⟩, 1986), 그리고 마지막으로 알랭의 **Idées**의 **Descartes**(플레이아드사에서 재판된 **Les passions et la sagesse**)를 높이 산다.

파스칼에 대하여: 어떤 입문서라도 결코 준비 없이도 읽을 수 있는 **Pensées**만큼의 수준에 이르지 못한다. 첫 독서를 위해서라면 앞

에서 언급했던 Léon Brunschvicg(Hachette, 1897, rééd. 1967)의 책이 가장 쉬울 것 같다. 사람들은 **Pensées**와 따로 분리된 판본의 고전적 판본인 **Pensées et opuscules**(Le Livre de Poche, 1962)를 더 선호할 것이다. 공교롭게 그 책에는 그의 주석(매우 유용하면서도 특히 빠스깔과 몽테뉴의 공통점과 차이점을 볼 수 있다)이 삭제되어 있다.

스피노자에 대하여: 거의 필수 불가결한 입문서로는 내가 보기에 뛰어난 세 권의 책이 있다. 알랭의 **Spinoza**(rééd. Gallimard, coll. ⟨Tel⟩, 1986)와 Pierre-François Moreau(Seuil, coll. ⟨Écrivains de toujours⟩, 1975)의 **Spinoza**, 질 들뢰즈의 *Spinoza philosophie pratique*(Éditions de Minuit, 1981). 첫번째 책이 가장 충실하고, 두번째 책은 가장 접근이 용이하며, 마지막 책이 가장 고무적이다.

로크에 대하여: Simone Goyard-Fabre, *John Locke et la raison raisonnable*(Vrin, 1986). 혹은 Yves Michaud, **Locke**, Bordas, 1986.

라이프니츠에 대하여: Yvon Belaval, *Leibniz, Initiation à sa philosophie*(rééd. Vrin, 1975).

몽테스키외에 대하여: Louis Althusser, *Montesquieu, La Politique et l'histoire*(PUF, coll. ⟨Initiation philosophique⟩, rééd. 1969).

디드로에 대하여: 입문서는 따로 필요 없지만 내가 아는 한 가장 아름다운 철학 소설인 *Jacques le fataliste*로 시작할 수 있다.

흄에 대하여: Michel Malherbe, *La philosophie empiriste de David Hume*(Vrin, 1992).

루소에 대하여: 입문서가 필요하다면 *Confessions*이 좋을 것이다. 그렇지만 또한 *Contrat Social*이나 *Discours sur l'origine de l'iné-*

*galité*로 시작하는 것도 괜찮을 것이다.

칸트에 대하여: 입문서는 거의 필수 불가결하다. 그렇지만 어떤 책으로? 프랑스어로 된 가장 좋은 것은 Jeanne Hersch의 *L'étonnement philosophique, Une histoire de la philosophie*에서의 〈Kant〉편 (Gallimard, coll. 〈Folio-Essais〉, réed. 1993). 따로 분리된 저서로는 Gilles Deleuze의 *La philosophie critique de Kant*(PUF, coll. 〈Initiation philosophique〉, 1971)가 매우 의미심장하고 큰 도움이 될 것이다. 좀더 학교 교육용으로 적합한 책으로는 Jean Lacroix(PUF, coll. 〈Que sais-je?〉, 1966, réed. 1973)의 *Kant et le kantisme*나 Georges Pascal의 *Pour connaître la pensée de Kant*(Bordas, 1966)이고, 끝으로 심도 있는 독서를 위해서는(더 이상 입문서는 아니다……) Éric Weil의 훌륭한 *Problèmes kantiens*(Vrin, 1970)와 Alexis Philonenko 의 완벽한 저서인 *L'œuvre de Kant*(2 volumes, Vrin, 1975, 1981)가 있다.

맨 드 비랑에 대해서: Henri Gouhier의 *Maine de Biran par lui-même*(Seuil, coll. 〈Écrivains de toujours〉, 1970).

헤겔에 대하여: François Châtelet의 *Hegel*(Seuil, coll. 〈Écrivains de toujours〉, 1968)과 알랭의 〈Hegel〉 in *Idées*나 *Les passions et la sagesse*.

콩트에 대하여: 알랭의 〈Auguste Comte〉 in *Idées*나 Georges Muglioni의 *Auguste Comte, Un philosophe pour notre temps*(Kimé, 1995).

키에르케고르에 대하여: Georges Gusdorf의 *Kierkegaard*(Seghers,

coll. ⟨philosophes de tous les temps⟩, 1963).

쇼펜하우어에 대하여: Didier Raymond의 *Schopenhauer*(Seuil, coll. ⟨Écrivains de toujours⟩, 1979)나 Clémemt Rosset의 *Schopenhauer, Philosophe de l'absurde*(PUF, 1967).

마르크스에 대하여: 철학적으로 최고의 입문서는 물론 엥겔스의 저서, *Ludwig Feuerbach et la fin de la philsosophie classique allemande*(trad. G. Badia, Éditions sociales, 1966)이다.

니체에 대하여: Gilles Deuleuze의 *Nietzsche*(PUF, coll. ⟨SUP philosophes⟩, 1974(질 들뢰즈의 위대한 책이지만 결코 입문서는 아닌 *Nietzsche et la philosophie*과 혼동하지 말 것. PUF, 1962). 혹은 Jean Granier의 *Nietzsche*(PUF, coll. ⟨Que sais-je?⟩, 1982). 그리고 Clémemt Rosset의 *La force majeure*(Éditions de Minuit, 1983)의 ⟨Notes sur Nietzsche⟩가 있다. 최고의 방법은 이 세 권을 모두 읽는 것일 터이다. 즉 그것이 매우 완벽하고도 인상적인, 이해하기 힘든 천재에 대한 정당한 소개가 될 것이므로.

후설과 현상학에 대하여: 사르트르가 쓴 매우 훌륭하면서도 간략한 텍스트를 우선 읽는 것이 좋을 것이다. *Situations* I의 ⟨Une idée fondamentale de la phénoménologie de Husserl: L'intentionnalité⟩(*Situations philosophiques*에서 되풀이. Gallimard, rééd. coll. ⟨Tel⟩, 1990). 그다음으로는 Jean-François Lyotard의 *La phénoménologie*(PUF, rééd. ⟨Que sais-je?⟩, 1982), 그리고 Jean-Toussaint Desanti의 *Introduction à la phénoménologie*(Gallimard, rééd. coll. ⟨Idées⟩, 1976).

베르그송에 대하여: Vladimir Jankélévitch의 *Henri Bergson*(PUF, 1959, rééd. 1975)이나 Gilles Deleuze의 *Le Bergsonisme*(PUF, coll. ⟨Initiation philosophique⟩, 1968).

알랭에 대하여: 입문서 없이도 가능하고, 그것이 *Propos*만을 고집하는 것을 피하는 방법이기도 하다. 진정한 알랭의 걸작품은 다음과 같다. *Les souvenirs concernant Jules Lagneau, Histoire de mes pensées, Les Dieux, Entretiens au bord de la mer*(이 순서대로 읽을 수도 있을 거다)……. 절대적인 입문서를 원하는 자에게 최고의 저서는 Georges Pascal의 *La pensées d'Alain*이라는 제목의 *Pour connaître la pensée d'Alain*(Bordas, rééd. Association des Amis d'Alain, Bulletin n° 87, 1999).

러셀에 대하여: 러셀 자신이 쓴 *Histoire de mes idées philoso- phiques*(trad. G. Auclair, Gallimard, 1961, rééd. coll. ⟨Tel⟩, 1988)과 Alan Wood의 짧은 ⟨Essais sur l'évolution de la philosophie de Russel⟩를 먼저 읽을 수도 있다).

비트겐슈타인에 대하여: Gilles-Gaston Granger의 *Wittgenstein* (Seghers, 1969). Jacques Bouveresse의 *Wittgenstein: La rime et la raison*(Éditions de Minuit, 1973).

하이데거에 대하여: Françoise Dastur의 *Heidegger et la question du temps*(PUF, 1990).

사르트르에 대하여: 그는 자신의 철학을 소개하는 데 있어 큰 배려를 한 사람은 아니다. *L'existentialisme est un humanisme*(rééd. Gallimard, coll. ⟨Folio-Essais⟩, 1996)은 물론 철학적으로 자신의 대

표작인 *L'être et le néant*에서 접근하는 것이 최고의 방법일 것이다. 페이지마다 철학 관련 걸작품인 소설, *La Nausée*(Gallimard, rééd. coll. 〈Folio〉)를 또한 되풀이해서 읽는 것도 좋을 것이다.

**포퍼에 대하여**: 사르트르와 마찬가지이지만 사상에 있어서는 매우 상이하나. 뛰어난 입문서로는 *La quête inachevée, Autobiographie intellectuelle*(trad. R. Bouveresse, Calmann-Lévy, rééd. Presses Pocket, 1989).

**시몬 베유에 대하여**: 바로 *La pesanteur et la grâce*(rééd. Pocket, coll. 〈Agora〉, 1991)을 읽을 수도 있을 것이다. 그럼에도 불구하고 입문서를 원하는 이라면 훌륭한(불행히도 찾기 힘든) 저서가 있다. Gaston Kempfner의 *La philosophie mystique de Simone Weil*, La Colombe, 1960.

**철학 역사에 대해**: 가장 짧지만 가장 훌륭한 것이 알랭의 책으로 점자판으로 출판되었다. *Abrégés pour les aveugles*는 내가 아는 한 불행히도 플레이아드판(*Les passions et la sagesse*, 1960, P. 787-843)에서만 구할 수가 있다. 이 책은 작지만 주옥 같은 책으로 매우 요약적이다. 플라톤 · 데카르트 · 헤겔 그리고 콩트에 관해서라면 *Idées*(rééd. Flammarion, coll. 〈Champs〉, 1983)와 마찬가지로 같은 작가의 *Propos sur des philosophes*(PUF, 1961)로 보완할 수가 있을 것이다. 이것만으로 완벽하고 비중 있는 진정한 철학 역사에 대해 독파하는 것을 면제해 주지는 않는다. 그것을 위해서라면 우수한 다음의 저서가 있다. Bréhier(PUF, coll. 〈Quadrige〉), Brice

Parain과 Yves Belaval(3 volumes, Pléiade), François Châtelet(8 volumes, Hachette), 좀더 최근의 Lambros Couloubaritsis(고대·중세 철학에 관한), Jean-Michel Besnier(근·현대 철학에 대하여 Grasset 사에서 출간된 두 권의 저서), 그리고 특히 백과사전인 *Dictionnaire des philosophes*(Albin Michel, 1998)의 항목들을 다시 수정해서 좀 더 다루기 편한 형태의 기념비적이고 매우 유용한 Denis Huisman 이 주관한 *Dictionnaire des philosophes*(PUF)를 잊지 말도록. 입문 서에 대해서라면 그리고 특별히 상급반 학생을 위해서라면 내 생 각에 가장 접근하기 쉬운 철학 역사서로는 Léon-Louis Grateloup 의 *Les philosophes de Platon à Sartre*(Hachette, 1985, rééd. Le Livre de Poche, 1996, 2 Volumes)이고 Laurent Jaffro와 Monique Labrune, G.-F., 1994 지휘하의 *Gradus philosophique*로 보완할 수 있을 것 이다. 그다음 단계로는 Jeanne Hersch의 매우 경이로운 저서인 *L'étonnement philosophique*, Une histoire de la philosophie(Galli-mard, coll. 〈Folio-Essais〉, rééd. 1993)를 되도록 많이 읽는 것이 좋 을 것이다. 특별한 문제들을 많이 제기하는 독일 이념에 관해서 라면 Jacques Rivelaygue의 뛰어난 *Leçons de métaphysique alle-mande*(2 volumes, Grasset, 1990, 1992)를 강조할 필요가 있다. 끝으 로 마지막 귀착지인 그리스 철학에 관해서라면 Monique Canto-Sperber가 지휘한 공동 저서(이 시대의 가장 우수한 전문가들 중 몇이 모인) *Philosophie grecque*(PUF, coll. 〈Premier cycle〉, 1997)가 권고 된다.

**매뉴얼**: 알랭의 *Éléments de philosophie*(Gallimard, rééd. coll. 〈Folio-Essais〉, 1990)보다 더 나은 책을 나는 알지 못한다. 더 이상 매뉴얼에 관계되지만 않는다면 매우 독창적이지만 다분히 힘든 노력을 요하는 두터운 세 권 분량의 저서인 Denis Kambouchner의 *Notions de philosophie*(Gallimard, coll. 〈Folio-Essais〉, 1995)을 읽는 것이 좋겠다.

**사전**: 랄랑드 지휘하의 사전이 여전히 그리고 어떤 탁월한 관점 (*Vocabulaire technique et critique de la philosophie*(Alcan, 1926, rééd. PUF, coll. 〈Quadrige〉, 1991)에서는 항상 유용하다. Sylvain Auroux 지도하의 기념비적인 *Les notions philosophies*(PUF, 1990) 또한 매우 명쾌하다. 그리고 항목에 달린 문제이지만 좀더 유익할 (비록 이것이 백과사전보다 실제로 덜 사전 같지만) 수 있다. 그럼에도 이 두 책은 우선 어떤 철학적 문화를, 또 그다음으로는 확실한 철학적 문화를 전제로 한다. 다행스럽게도 덜 까다롭고 복잡하지 않은 여러 사전들이 있지만, 특히 초보자에게 매우 유용한 것은 Jacqueline Russ의 *Dictionnaire de philosophie*(Bordas, 1991)이다. 마지막으로 상기할 것은 매우 뛰어난 볼테르의 *Dictionnaire philosophique*가 실제로는 사전이 아니라(정의가 없기 때문에) 경이롭기는 하지만 너무 불완전한 알랭의 *Définitions* 그 이상도 아니다. 그리고 내 실수가 아니라면 플레이아드판(Les arts et les dieux, 1958)에서만 찾아볼 수 있다. 나는 오랫동안 이 두 저서만큼 격식이 없으면서도 독창적인, 그리고 첫번째 것보다 더 명확하게 규정하고

두번째 것보다 더 완전한 그런 철학사전을 꿈꿔 왔다. 그러나 나는 더 이상 그걸 꿈꾸지 않는다. 그 대신 내 노력을 기울인다.

# 작가의 다른 작품들

*Traité du désespoir et de la béatitude*(*Le mythe d'Icare* I권, *Vivre* II권), PUF, 1984, 1988.

*Une éducation philosophique*, PUF, 1989.

*Pourquoi nous ne sommes pas nietzschéens*(공동 작업), Grasset, 1991.

*L'amour la solitude*, Paroles d'Aube, 1992, rééd. Albin Michel, 2000.

〈*Je ne suis pas philosophe*〉(*Montaigne et la philosophie*), Éditions Honoré Champion, 1993.

*Valeur et vérité*(견유학파 연구), PUF, 1994.

*Camus, De l'absurde à l'amour*(공동 연구), Paroles d'Aube, 1995.

*Petit traité des grandes vertus*, PUF, 1995.

*Arsène Lupin, gentilhomme philosopheur*(프랑수아 조르주와 공동), L'Aiguille preuve, 1995, rééd. Le Félin, 1996.

*Impromptus*, PUF, 1996.

*De l'autre côté du désespoir*(Svâmi Prajnânpad의 이념 소개), Éditions Jean-Louis Accarias-L'Originel, 1997.

*La sagesse des Modernes*(뤽 페리), Robert Laffont, 1998.

*L'être-temps*, PUF, 1999.

*Le gai désespoir*, Alice Éditions(Liège), 1999.

*Chardin, ou la matière heureuse*, Éditions Adam Biro, 1999.

Le bonheur, désespérément, Éditions Pleins Feux, 2000.

알뱅 미셸 출판사의 〈Carnets de philosophie〉: 앙드레 콩트-스퐁빌이 선별하고 소개한 텍스트. 도덕, 정치, 사랑, 죽음, 인식, 자유, 신, 무신론, 예술, 시간, 인간, 지혜의 12개 제목으로 출판.

# 색 인

공정아
부산대학교 불어불문학과 박사과정 수료
역서: 《지각》《대화의 기술》《예술 작품》

현대신서
191

청소년을 위한 철학길잡이

초판발행 : 2006년 1월 25일


東文選
제10-64호, 78. 12. 16 등록
110-300 서울 종로구 관훈동 74
전화 : 737-2795


ISBN 89-8038-564-1 04100
ISBN 89-8038-050-X (세트: 현대신서)

**【東文選 現代新書】**

| | | |
|---|---|---|
| ■ 노블레스 오블리주 | 현택수 사회비평집 | 7,500원 |
| ■ 딸에게 들려 주는 작은 지혜 | N. 레흐레이트너 / 양영란 | 6,500원 |
| ■ 미래를 원한다 | J. D. 로스네 / 문 선·김덕희 | 8,500원 |
| ■ 바람의 자식들—정치시사 칼럼집 현택수 | | 8,000원 |
| ■ 사랑의 존재 | 한용운 | 3,000원 |
| ■ 산이 높으면 마땅히 우러러볼 일이다 | 유 향 / 임동석 | 5,000원 |
| ■ 서기 1000년과 서기 2000년 그 두려움의 흔적들 | J. 뒤비 / 양영란 | 8,000원 |
| ■ 서비스는 유행을 타지 않는다 | B. 바게트 / 정소영 | 5,000원 |
| ■ 선종이야기 | 홍 희 편저 | 8,000원 |
| ■ 섬으로 흐르는 역사 | 김영회 | 10,000원 |
| ■ 세계사상 | 창간호~3호: 각권 10,000원 / 4호: 14,000원 | |
| ■ 손가락 하나의 사랑 1, 2, 3 | D. 글로슈 / 서민원 | 각권 7,500원 |
| ■ 십이속상도안집 | 편집부 | 8,000원 |
| ■ 얀 이야기 ① 얀과 카와카마스 | 마치다 준 / 김은진·한인숙 | 8,000원 |
| ■ 어린이 수묵화의 첫걸음(전6권) | 趙 陽 / 편집부 | 각권 5,000원 |
| ■ 오늘 다 못다한 말은 | 이외수 편 | 7,000원 |
| ■ 오블라디 오블라다, 인생은 브래지어 위를 흐른다 | 무라카미 하루키 / 김난주 | 7,000원 |
| ■ 이젠 다시 유혹하지 않으련다 | P. 쌍소 / 서민원 | 9,000원 |
| ■ 인생은 앞유리를 통해서 보라 | B. 바게트 / 박해순 | 5,000원 |
| ■ 자기를 다스리는 지혜 | 한인숙 편저 | 10,000원 |
| ■ 천연기념물이 된 바보 | 최병식 | 7,800원 |
| ■ 原本 武藝圖譜通志 | 正祖 命撰 | 60,000원 |
| ■ 테오의 여행 (전5권) | C. 클레망 / 양영란 | 각권 6,000원 |
| ■ 한글 설원 (상·중·하) | 임동석 옮김 | 각권 7,000원 |
| ■ 한글 안자춘추 | 임동석 옮김 | 8,000원 |
| ■ 한글 수신기 (상·하) | 임동석 옮김 | 각권 8,000원 |

## 【만 화】

| | | |
|---|---|---|
| ■ 동물학 | C. 세르 | 14,000원 |
| ■ 블랙 유머와 흰 가운의 의료인들 | C. 세르 | 14,000원 |
| ■ 비스 콩프리 | C. 세르 | 14,000원 |
| ■ 세르(평전) | Y. 프레미옹 / 서민원 | 16,000원 |
| ■ 자가 수리공 | C. 세르 | 14,000원 |
| ▨ 못말리는 제임스 | M. 톤라 / 이영주 | 12,000원 |
| ▨ 레드와 로버 | B. 바세트 / 이영주 | 12,000원 |

## 【동문선 주네스】

| | | |
|---|---|---|
| ■ 고독하지 않은 홀로되기 | P. 들레름·M. 들레름 / 박정오 | 8,000원 |
| ■ 이젠 나도 느껴요! | 이사벨 주니오 그림 | 14,000원 |
| ■ 이젠 나도 알아요! | 도로테 드 몽프리드 그림 | 16,000원 |

現代新書 11 : 옥스퍼드대학 철학입문

# 우리는 무엇을 아는가

## 토머스 나겔
### 오영미 옮김

　보통 사람들에게 철학의 어려운 질문들이 문제시되어야 하는가? 저자는 왜 철학의 문제들이 수세기에 걸쳐 끊임없이 사상가들을 매료시키고, 또 당혹케 해왔는지를 생생하고 이해하기 쉬운 산문체의 글을 통해 밝힘으로써 그 문제들을 새롭게 조명한다.

　철학에 대해 배우는 가장 좋은 방법은 그 문제와 정면으로 부딪히는 것이라고 주장하면서, 그는 우리가 스스로에게 던질수 있는 가장 중요한 몇 가지 질문들을 시작한다. 우리는 진정으로 자유 의지를 가질 수 있는가? 우리는 왜 도덕적이어야  하는가? 우리의 정신과 두뇌 사이에는 어떤 관계가 있는가? 사후에 삶이 존재하는가? 우리는 죽음에 대해 어떻게 느껴야 하는가? 수십억 광년의 거리를 가진 거대한 우주에서 우리가 살아가면서 행하는 어떤 것이 정말로 중요한가? 만약 그게 중요하지 않다면, 중요하지 않다는 그 사실이 또 문제가 되는가? 이러한 것들은 우리가 인간의 상황에 대해 던지는 영원한 질문들이며 나겔은 그것들을, 그리고 그와 유사한 다른 문제들을 사려 깊고 분명하게 그러면서도 유머를 가지고 탐구한다. 그는 자신의 의견을 자유롭게 토로하지만, 언제나 스스로 사고하도록 독자들을 격려함으로써 독자들이 다른 해답을 찾을 수 있는 여지를 남겨두는 참신함과 겸손을 잃지 않는다.

東文選 現代新書 18

# 청소년을 위한 철학교실

## 알베르 자카르

장혜영 옮김

### "무엇을 질문하고 어떻게 대답할 것인가?"

철학은 끊임없는 질문과 답변 가운데에 있다. 질문은 진리에 대한 탐색이요, 답변은 존재와 세계에 대한 해석이다. 우리는 철학을 통해 존재의 근원에 이른다. 이 책은 프랑스 알비의 라스콜 고등학교 철학교사인 위게트 플라네스와 철학자 알베르 자카르 사이의 철학 대담으로 철학적 질문과 답변의 과정을 명쾌히 보여 준다.

이 책에는 타인·우애·정의 등 30개의 항목에 대한 철학자의 통찰이 간결하게 살아 있다. 철학교사가 사르트르의 유명한 구절, 즉 "지옥, 그것은 바로 타인이다"에 대해 반박을 요청하자, 저자는 그 인물이 천국에 들어갔다면 그는 틀림없이 "천국, 그것은 바로 타인이다"라고 이야기했을 것이라고 답한다. 결국 타인들은 우리의 지옥이 아니며, 그들이 우리와의 관계를 받아들이려 하지 않을 때 지옥을 만들어 낸다고 말한다.

그렇다면 행복에 대해 이 철학자는 어떻게 답할까? "나에게 행복이란 타인들의 시선 안에서 스스로를 아름답게 느끼는 것입니다"라는 것이 그의 답변이다. 이 책은 막연한 것들에 대해 명징한 질문과 성찰로 우리가 새로운 질문을 던지고, 스스로 그 답을 찾을 수 있는 실마리를 제공한다.

東文選 現代新書 100

# 철학적 기본 개념

**라파엘 페르버**

조국현 옮김

 우리는 모두 철학을 가지고 있다. 철학의 싹이 우리 속에 있기 때문에 우리는 철학을 할 수 있다. 물론 보편 정신의 철학은 발전되지 못했을 뿐만 아니라 때때로 잘못되어 있다. 이러한 사실을 놓고 볼 때 철학 외적인 입장이 아닌 철학적 입장에서 철학을 교정할 수 있다는 점이 중요하다. 우리는 철학을 밖에서 바라보기 위해 철학 밖으로 나갈 수 없다. 마찬가지로 우리 일상철학의 옳고 그름을 판단할 수 있는 척도를 제시할 특정한 관점을 얻으려고 철학 밖으로 나갈 수도 없다. 보편 정신은 오히려 스스로 이러한 척도를 세워야 하며, 자가 교정을 위한 요소들을 자신으로부터 찾아내야 한다. 여기에 딱 들어맞는 말이 있다. 언어에 대해서 말하기 위한 언어 밖의 관점이 존재하지 않는 것처럼 철학에 대해서 철학하기 위한 철학 밖의 관점이 존재하지 않는다. 철학 밖에 철학적 입장이 존재하지 않는다는 점에서 철학하기의 필연성이 도출된다. 아리스토텔레스는 다음과 같은 딜레마를 통해 철학하기의 필연성을 역설한다. 철학을 할 필요가 없다는 것을 증명하려면 철학을 해야 한다. 따라서 인간은 어떤 경우에도 철학을 해야 한다.

 이 책은 철학을 공부하는 학생과 철학에 흥미를 느끼는 일반인을 위한 작은 사고력 훈련 학교이다. 저자는 철학적 기본 개념인 '철학' '언어' '인식' '진리' '존재' 그리고 '선'의 세계로 독자를 안내한다. 저자는 철학의 내용·방법 그리고 철학적 요구의 문제에 대해서 알기 쉬우면서도 수준 높게 접근한다. 이 책은 철학 입문서이며, 동시에 새로운 관점에서 플라톤 철학과 분석 철학을 결합시키려고 시도하는 저자의 체계적인 사고 과정을 보여 준다.

東文選 現代新書 98

# 미국식 사회 모델

**쥐스탱 바이스**

김종명 옮김

미국 (똑)바로 알기! 미국은 이제 단지 전세계의 모델이 아니다. 미국은 이미 세계 그 자체이다. 현재와 같은 군사적·문화적·경제적 반식민 상태에서 우리가 미국을 제대로 바라볼 수 있을까? 우리는 미국을 얼마나 알고 있으며, 또 한국과 미국의 비교는 가능한가? 한편으로는 대북 문제에서부터 금메달 및 개고기 문제에 이르기까지, 다른 한편으로는 병역기피성 미국시민권 취득에서부터 미국 가서 아이낳기 붐에 이르기까지, 사사건건 구겨진 자존심에 감정적으로 대응해서야 어찌 미국을 제대로 알 수 있겠는가.

본서는 구소련의 붕괴 이후 자유주의 모델의 국가들 중에서 다른 어떤 나라들보다도 더 보편성을 추구하였고, 그래서 전인류에게 모범이 될 만한 사회·정치를 포괄하는 하나의 체계, 즉 완비된 모델을 제시하려고 노력하는 미국과 프랑스를 비교·분석하고 있다.

유럽의 계몽주의에 뿌리를 둔 미국과 프랑스의 보편주의는 미국과 구소련 사이의 대립 앞에서 오랫동안 인식되지 못했으나, 냉전이 끝난 오늘날에는 이 둘의 차이가 새삼스레 부각되고 있다. 한때 그 역사적 몰락이 예고되었다고 믿었던 미국의 힘이 1980년대말 이래로 전세계에 그 광휘를 드러내고 있으며, 이전의 그 어느때보다도 더욱 전세계에 그들의 행동 양식과 경제에 대한 가르침을 주려는 기세이다. 이와 달리 연합된 유럽을 대표하는 프랑스식 모델은 거의 배타적으로 영향력을 행사하는 미국식 모델 때문에 점점 외부로의 영향력을 상실하고 있고, 내적으로도 그 정체성을 잃어가고 있다.

바로 이런 시점에서 본서는 유럽의 견유주의를 대표하는 프랑스식 모델과 윌슨주의를 표방하는 미국식 모델이 정치적·경제적·사회적 측면에서 어떻게 다른지를 비교·분석해 주고 있다.

東文選 現代新書 106

# 철학이란 무엇인가

### 에드워드 크레이그

#### 최생열 옮김

우리는 어떻게 살아야 하는가? 실제로 무엇이 존재하는가? 우리는 어떻게 아는가?

생동감 있고 매력적인 이 책은, 철학이 무엇이고 누구를 위한 것인지 하는 문제로 당혹해한 경험이 있는 사람들에게 이상적인 입문서이다.

E. 크레이그는 철학이 다른 행성에서 이루어지는 활동이 아니라고 주장한다. 그것을 배우는 것은 우리 대부분이 이미 행하고 있는 것을 넓혀 주거나 심화시켜 주는 문제이다. 그는 철학이 단순히 지적인 시간 보내기가 아니라는 사실을 보여 준다. 플라톤 · 불교도 저자 · 데카르트 · 홉스 · 흄 · 헤겔 · 다윈 · 밀, 그리고 보부아르 같은 사상가들이 실질적인 문제들과 사건들에 대응하고 있었다——그들의 저서 상당수가 오늘날 우리의 삶을 형성하고, 그들의 관심거리가 여전히 우리 자신의 것들로 남아 있다.

E. 크레이그는 케임브리지대학교 철학 교수이자 처칠대학교의 특별 연구원이다. 또한 함부르크 · 하이델베르크 · 멜버른대학교의 객원 교수를 역임했다. 그의 저서로는 《신의 마음과 인간의 업적》(1987), 《지식과 본성의 상태》(1990)가 있다. 그는 《루틀리지 철학백과사전》의 총편집인이다.

東文選 現代新書 109

# 도덕에 관한 에세이

**크리스티앙 로슈 外**

고수현 옮김

전쟁, 학살, 시체더미들, 멈출 줄 모르는 인간 사냥, 이보다 더 끔찍한 것은 살인자들이 살인을 자행하면서 느끼는 불온한 쾌감, 희생자가 겪는 고통 앞에서 느끼는 황홀감이다. 인간은 처벌의 공포만 사라지면 악행에서 쾌락을 얻는다.

공민 교육이라는 구실하에 학교에서 도덕을 가르치는 것에 대해 찬성해야 할까, 반대해야 할까?

도덕은 가르칠 수 있는 것일까? 도덕은 무엇을 근거로 세워진 것인가? 도덕의 가치를 어떻게 정의내릴 수 있을까?

세계화라는 강요된 대세에 눌린 우리 시대, 냉혹한 자유 경제 논리에 가정이 짓밟히는 듯한 느낌이 점점 고조되는 이때에 다시금 도덕적 데카당스를 비난하는 목소리가 높아지고 있다. 물론 여기에는 파시스트적인 질서를 바라는 의심스러운 분노도 뒤섞여 있다. 또한 다른 사람들에 대한 온화한 존경심에서 우러나온 예의 범절이라는 규범적인 이상을 꿈꾸면서 금기와 도덕 규범으로 되돌아갈 것을 요구하는 사람도 있고, 교훈적인 도덕의 이름을 내세우며 강경한 억압책에 호소하는 사람들도 있다.

하지만 어떻게 억지로, 혹은 도덕 강의로 도덕적 위기에 의해 붕괴되어 가는 가정 속에서 잘못된 삶을 사는 청소년들을 '일으켜 세울' 수 있다고 생각할 수 있는가? 도덕이라는 현대적 변명은 그 되풀이되는 시도 및 협정과 더불어, 단순히 담론적인 덕을 통해 사회 문제를 해결하지 못하는 모종의 무능력함을 몰아내고자 하는 것은 아닐까?

東文選 現代新書 148

# 철학 기초 강의

**프레데릭 로피**

공나리 옮김

철학하기는 언제나 위험한 일이다. 불경함 때문에 죽은 소크라테스의 음산한 그림자는 사라지지 않았다. 성가시고, 기묘하게 문제 제기된 질문들, 마음을 괴롭히는 의문들과 신랄한 아이러니, 언제나 이런 것들이 철학이다.

스스로 생각하기, 이것이 바로 핵심 단어이다.

하지만 이러한 사유의 자율성은 획득되어야 하는 것이다. 그것은 하나의 의견이나 선입견, 혹은 여론이 아니다.

모순이 있다면, 스스로 생각하기 위해서는 생각하는 법을 배워야 한다는 것이다. 다른 사람들이 던진 질문에 의해 번민하도록 스스로를 내버려둘 줄 알아야 한다. 거기에서 자신을 잃어버리거나, 혹은 유행하는 결과물들에 굴복하지 않아야 한다.

따라서 이 책은 가장 고전적인 스무 개의 문헌들을 소개하고, 그것들을 이용하여 고등학교 졸업반 교과 과정의 핵심적인 주제들과 개념들을 생각하게 만든다. 산만함을 지양하면서 이 책은 철학적인 텍스트를 어떻게 읽는가를 보여 주고, 또한 여러 관념들에 대해 질문하기 위해 철학 텍스트를 어떻게 이용해야 하는가를 보여 주고 있다. 간단하고도 강력한 이 책은 철학하기를 원하고, 또한 고등학교 졸업반 수험생이 갖추어야 할 핵심 사항을 얻고자 하는 이들에게 귀중한 도구가 될 것이다.

東文選 現代新書 180

# 사물들과 철학하기

**로제-폴 드루아**

박선주 옮김

　말 없고 의식도 없으며 무기력하고 감각도 없는 사물들에 대해 생각하는 일이 무슨 소용이 있을까? 우리가 사물들을 대하는 태도는 우리 자신에 대해 말해 주기 때문에 주변의 사물들을 사유하는 일이 결코 무의미하지는 않을 것이라고 저자는 생각한다. 사물들의 세계로의 여행은 끝이 없다. 이제는 우리가 생활 속에서 한번쯤은 이 여행을 떠나 볼 일이다.

　로제-폴 드루아는 프랑스의 철학자로서, 현대인들에게 철학을 쉽게 소개하는 글을 쓰는 것으로 유명하다. 제목에서 알 수 있듯이 그의 사유 방식은 독특하다. 일상적인 인사말을 그냥 지나치지 않고 거기에서 생각할 거리를 찾아낸다. 착상이 매우 기발하고, 우리가 매일 사용하는 주변의 일상적 사물들에서부터 사유를 시작한다는 점에서 친근하며, 어렵지 않으면서도 그 내용이 결코 가볍지 않다.

　"당신들은 클립 하나가 윤리의 한 면을 담고 있다는 사실을 이미 알아차렸나요? 열쇠 꾸러미 또는 가로등이 사랑에 대해 논할 수 있다는 사실은? 세탁기가 영혼의 윤회를, 쇼핑 카트가 감각들의 혼란에 대해 알려 준다는 사실을 알고 있었나요? 쓰레기통의 형이상학과 우산의 지혜, 진공청소기의 회전을 어렴풋이나마 느껴 본 적이 있나요? 당신들 주변을 살펴보세요. 생활 속에 인간들만 존재하는 것은 아니에요! 일상적인 사물들과 철학적인 경험을 해보세요. 그것들로 인해 놀라고, 당황하며, 안심할 수 있다는 사실을 발견해 보세요. 세세한 주의력과 탁월한 유머, 아주 약간의 터무니없는 말들이, 사물들을 다른 식으로 볼 수 있는 어떤 길을 보여 줄 것입니다."

로제-폴 드루아

나비가 되어 날아간 한 남자의 치열하고도 아름다운 생의 마지막 노래. 세상에서 가장 아름답고도 애절한 이야기가 비틀스의 노래와 함께 펼쳐진다.

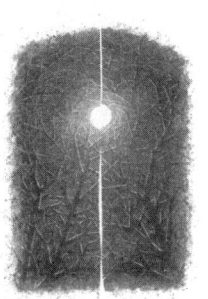

# 잠수복과 나비

**장 도미니크 보비** / 양영란 옮김

장 도미니크 보비. 프랑스 《엘르》지 편집장. 저명한 저널리스트이며 두 아이를 둔 자상한 아버지. 멋진 말을 골라 쓰는 유머러스한 남자. 앞서가는 정신의 소유자로서 누구보다도 자유를 구가하던 그는 1995년 12월 8일 금요일 오후 갑작스런 뇌졸중으로 쓰러졌다. 3주 후 의식을 회복했으나, 그가 움직일 수 있는 것은 오직 왼쪽 눈꺼풀뿐. 그로부터 그의 또 다른 인생, 비록 15개월 남짓에 불과한 '새로운' 인생이 시작되었다.

유일한 의사 소통 수단인 왼쪽 눈꺼풀을 20만 번 이상 깜박거려 15개월 만에 완성한 책 《잠수복과 나비》. 마지막 생명력을 쏟아부어 쓴 이 책은, 길지 않은 그의 삶에서 일어났던 일화들을 진솔하게 묘사하고 있다.

그러나 그의 이야기는 유머와 풍자로 가득 차 있다. 슬프지만 측은하지 않으며, 억지로 눈물과 동정을 유도할 만큼 감상석이시도 않다. 오히려 멋진 문장들로 읽는 이를 즐겁게 해준다. 그리하여 살아남은 자들에게 희망과 용기를 주며, 삶의 그 모든 것들이 얼마나 소중한가를 새삼 일깨워 준다. 아무튼 독자들은 이제껏 경험해 보지 못한 진한 감동과 형언할 수 없는 경건함을 맛보게 될 것이다.

《잠수복과 나비》는 출간되자마자 프랑스 출판사상 그 유례가 없는 엄청난 베스트셀러가 되었으며, 보비는 자기만의 필법으로 쓴 자신의 책을 그의 소중한 한쪽 눈으로 확인한 사흘 후 옥죄던 잠수복을 벗어 던지고 나비가 되어 날아갔다. 자유로운 그만의 세계로……

국영 프랑스 TV는 그의 치열하고도 아름다운 마지막 삶을 다큐멘터리로 2회에 걸쳐 방영하였으며, 프랑스 전국민들은 이 젊은 지식인의 죽음 앞에 최대한의 존경과 애도를 보냈다.

東文選 現代新書 50

# 느리게 산다는 것의 의미
## 1, 2, 3

**피에르 쌍소**

김주경 옮김

**"삶의 길을 가는 동안 나 자신을 잃어버리지 않을 수 있는 능력과 세상을 받아들일 수 있는 능력을 확고히 심어주는 책"**

우리에게 다가오는 사건을 기쁘게 받아들일 수 있는 능력을 갖기 위해서 필요한 지혜가 있다. 그것은 갑자기 달려드는 시간에게 허를 찔리지 않고, 허둥지둥 시간에게 쫓겨다니지도 않겠다는 분명한 의지로 알 수 있는 지혜이다. 우리는 그 지혜를 '느림'이라고 불렀다.

느림은 우리에게 시간에다 모든 기회를 부여하라고 속삭인다. 그리고 한가롭게 거닐고, 글을 쓰고, 타인의 말에 귀를 기울이고 휴식을 취함으로써 우리의 영혼이 숨쉴 수 있게 하라고 말한다. 여기서 문제되는 느림 또는 고요함은 세계에 접근하는 방식의 문제이다. 그것은 빠른 속도로 박자를 맞추지 못하는 무능력을 의미하는 것이 아니라 서두르지 않는 의지, 시간이 뒤죽박죽되도록 허용치 않는 의지, 그리고 사건들을 대하는 능력을 배양하는 것과 우리가 어느 길에 서 있는지 잊지 않는 것을 의미한다. 물론 과업은 시간성을 어긋나게 하거나 우리의 생에서 가장 본질적이고 중요한 것을 잊게 하지 않는다면, 어느 정도 들볶이거나 바쁘기도 하면서 우리에게 더 유익하게 다가올 수도 있는 것이다. '느림'과 '빠름'은 가치 비교의 문제가 아니라 선택의 문제라는 것이다.

책은 마치 천천히 도심을 거니는 게으름뱅이의 일기처럼 쉽고 편안하게 씌어져 있다. 누구나 한번쯤은 생각해 봤을 법한 '우리는 왜 이렇게 살고 있는 것일까'란 보편적인 주제를 다룬다.